JN439029

바람인가
세월인가

바람인가 세월인가

1판 1쇄 발행 | 2016년 5월 15일

지은이 | 류인석
발행인 | 이선우
펴낸곳 | 도서출판 선우미디어
등록 | 1997. 8. 7 제305-2014-000020
02643 서울시 동대문구 장한로12길 40, 101동 203호
☎ 2272-3351, 3352 팩스: 2272-5540
sunwoome@hanmail.net

값 12,000원

ISBN 89-5658-448-5 03810
ISBN 89-5658-449-2 05810(PDF)
ISBN 89-5658-450-8 05810(E-PUB)

※ 이 도서의 국립중앙도서관 출판예정도서목록(CIP)은 서지정보유통지원시스템 홈페이지(http://seoji.nl.go.kr)와 국가자료공동목록시스템(http://www.nl.go.kr/kolisnet)에서 이용하실 수 있습니다.(CIP제어번호: CIP2016011508)

바람인가 세월인가

류인석 열세번 째 수필집

선우미디어 sunwoomedia

책을 내면서

과거는 언제나 체험으로 말할 수 있지만, 미래는 생각 속에서만 맴도는 희망일 뿐이다. 살아보지 않고는 누구도 인생을 말할 수가 없다. 막연한 희망 하나에 매달려 애면글면 살아가는 게 인생이다. 70여 성상을 살아보니 나도 이제 살아온 세월에 대해 작은 깨달음 하나 어렴풋이 떠오른다. 바람인가? 세월인가? 바람이 바뀌면 어김없이 세월도 바뀌었다. 바람도 세월도 형체도 없고 색상도 없다. 그래서 인생은 허무(虛無)다.

13번째 수필집 ≪바람인가 세월인가≫를 낸다. 나 혼자서 두런대던 어설픈 삶의 넋두리들을 졸문으로 묶었다. 오늘도 제멋대로 찾아와 창문 덜컹대며 스치고 지나는 바람의 소리가 들린다. 그동안 무심하게 들리던 탁상시계 초침소리도 바쁘게 째깍댄다. 그게 바로 허무한 세월의 소리고, 종점으로 달려가는 인생의 발자국소리임을 깨닫는다.

세월과 바람은 무량무한하다. 흐르고 또 흘러도 끝이 없다. 밤도 없고 낮도 없다. 그러나 분명한건 바람과 세월은 시작도 만들고 끝도 만든다. 탄생을 만들고 죽음을 만들고, 존재를 만들고 부재를 만든다. 인생은 무한을 갈망하지만, 유한의 존재다. 어느 문장가는 "인생의 8할은 바람"이라고 했다. 바람 속에 살다가 세월 속에 죽는다. 희로애락, 영고성쇠, 생로병사가 모두 바람이고 세월이다. 향방 없이 불어대는 바람을 막아낸 사람도 없고, 또 오가는 세월을 막아낸 사람도 없다.

우리는 아무도 내일을 모른다. 요행스럽게도 희망이 이루어질 때 성공을 말할 뿐이다. 성공을 말하기 위해 1백 년도 못살면서 1천 년의 욕심을 짊어지고 산다. 돌아보면 삶은 천로역정(天路歷程)이다. 성공도 실패도 과정은 눈물겹다. 하지만 만족을 이룬 사람은 드물다. 나중에야 세월도 깨닫게 되고, 바람도 깨닫게 되고 욕심도 깨닫게 된다.

가파른 언덕에 올라 무거운 등짐 내려놓고 살아온 길 되돌아보며 한숨 좀 돌리노라면 인생은 어느덧 석양이다. 그래도 이정표는 아무 말이 없다. 은퇴라는 꼬리표를 달고 나 혼자 서있다. 웃다가 울고, 울다가 웃으며 머뭇대는 순간에도 바람과 세월은 흘렀다. 내 곁에서 떠나지 않는 건 오로지 그림자뿐이다. 그림자 데리고 석양 길을 걸을 때마다 숱한 상념들이 교차한다.

책을 내자니 막상 부끄럽고 송구스럽다. 새 글도 있지만, 이미 발표했던 글을 개작(改作)한 것도 있다. 성공에 이르지 못한 아둔한 미생의 한계다. 함께하며 다독여준 여러분들이 있기에, 오늘 내가 있음을 다시 감사한다. 이 순간에도 바람은 스치고, 세월은 흐른다. 인생은 바람인가, 세월인가….

2016년 5월

雲菴 류인석 씀

차 례

제2부 존재(存在)와 부재(不在)

제3부 유심(有心)과 무심(無心)

제4부 진실불변(眞實不變)

제5부 순리(順理)와 역리(逆理)

나에게도 바람으로 요동치는 야망도 있었고,
하늘 높이 솟아오른 이상도 있었다.
허지만 그것들이 모두 순리로는 풀어낼 수 없는
억새꽃의 허영이고 욕심이었음을 이제서 깨닫는다.
나는 이제 하늘보고 흔들어댈 하얀 꽃도 없다.
금빛 은빛 황혼을 장식할 아름다움은 더더욱 없다.
가벼워진 마음 하나도 간직하기 쉽지 않으니
이 또한 세월인가, 바람인가….
—본문 중에서

제1부

회억무상
(回憶無常)

목련꽃 애상(哀想)

억새꽃 단상

이제 무엇을 말하랴

무엇으로 존재하는가

목화다래의 추억

가슴 저미는 백마강 노래

오월의 섭리

73번째 생일 밤

화무십일홍(花無十日紅)의 교훈

인생 떨켜

목련꽃 애상(哀想)

환절기의 갈증으로 밤을 지새웠나, 얇은 햇빛들이 양지쪽 창가로 모여들어 가물가물 졸고 있는 3월 말이다. 어제 피었던 하얀 목련꽃들이 하룻밤 지나자 속절없이 떨어져 내린다. 아직도 살 속으로 파고드는 꽃샘추위가 노엽던가. 아니면 황사바람 혼탁한 미몽(迷夢)의 세상이 밉던가. 무슨 까닭으로 잎도 피기 전에 꽃부터 피었다가, 그 우아한 자태 미처 다 내보이지도 못한 채 서둘러 떨어져야 하는가, 하얀 목련꽃잎들….

나목들은 아직도 침묵의 시간이다. 목련꽃이 피는 계절은 봄이라도, 봄 같지가 않다. 하늘에 햇빛은 봄이지만, 옷깃을 파고드는 바람결은 겨울이다. 그래서 선인들은 '춘래불사춘(春來不似春)'을 읊었던가. 거실 소파에 우두커니 앉아 창밖 화단에 떨어져 내린 목련꽃들의 처연한 소멸을 본다. 피었다 지는 게 어찌 목련꽃뿐일까만, 피면서 바로 떨어져야 하는 짧고도 고독한 운명이 마치 소복한 망부(亡婦)처럼 가련하고 애절하다.

옛말에 "아까운 사람이 단명하다."고 했다. 꽃도 아름다우면 빨리 지는가? 꽃들은 대부분 여인을 연상케 한다. 그중에서도 목련꽃은 엄한 가문의 규방규수(閨房閨秀)에 비유될 만큼 지성이 느껴지는 지조의 꽃 같다. 꽃만큼 세상을 아름다움으로 변화시키는 신비의 창조가 또 있을까? 특히 유백색 목련꽃은 색상도 단아하지만, 향기도 고매하다. 자태가 요염하지 않아 만화방창 호시절에 덩달아 피어나는 아류(亞流)의 꽃들과 생태부터가 다르다.

꿀 한 방울 가슴에 품어 나비나 벌을 호객하는 매춘의 꽃이 아니다. 욕망 한 자락에 매달려 비류한 존재이기를 단연코 거부하는 꽃이다. 모진세파에 한 번도 상처받지 않은 순결의 꽃이다. 비록 시꺼먼 표피, 누추한 나목에서 피어났지만 그윽한 자태가 법열(法悅)한 가닥을 머금었다. 그래서인가. '이루지 못한 사랑'으로 상징되는 꽃말의 사연도 유장하다. 유심히 살펴보면 하얀 꽃잎 속에는 깊은 애증의 한이라도 배어있는 듯하다.

난하지도 않고 요염하지도 않으면서 보통을 초월한 형이상학적 사유를 머금고 있다. 하늘을 우러러 하얗게 열어젖힌 꽃잎 마다엔 절절한 그리움이 무겁다. 소리는 내지 않으나 울림이 그윽하고, 율동은 없으나 나불나불 내려앉는 생의 찰나가 애상(哀想)을 뿌린다. 향기도 색상도 모양도 두드러짐이 없기에, 그래서 더욱 돋보이는 꽃이다.

세상의 미련을 떨쳐버린 홀연한 화심 속에 단장(斷腸)의 각오라도 담았는가. 우수에 젖은 인고의 눈빛을 가졌다. 은근하면서도 숙연함이 지그시 흐른다. 결단성과 강렬한 내심만 보인다. 후세에 남길 씨앗 한 톨 매달기조차도 거부하는 꽃이다. 누구는 허무의 꽃이라고도 비유한다. 하지만 목련은 허무도 아니고, 무상도 아니다. 유한의 운명 속에서 무한을 고집하는 인간의 사유(思惟)는 더더욱 아니다. 시류에 휩쓸리지 않는 고결한 꽃이다.

욕망에 유착돼 절망하거나 고민하지도 않는다. 먼 산 능선에 얼룩진 잔설들이 녹아내리는 소리이듯, 나목의 줄기에 수액이 흘러 도는 소리이듯, 또 양지 편에 가물대는 아지랑이 숨소리이듯, 봄빛 나긋나긋 운을 뗄 때면 뽀송한 솜털 표피 조용히 열고 나와 세상 한 번 훌쩍 둘러보곤 바로 떨어지는 목련꽃의 결연한 의지…. 목련은 나무에서 피워내는 봄꽃 중에서 매화 다음이다.

목련꽃은 서둘러 피었다 바쁘게 지는 단명의 꽃이다. 섭생하는 진드기나 벌 한 마리도 범접하지 않지만, 교활하거나 오만하지도 않다. 창백하게 사무쳐 있는 순수의 사념뿐이다. 수심 어린 여인의 얼굴이 스칠 뿐이다. 슬픔 같은 순결이 배었고, 눈물 같은 애린의 감성이 흐른다.

믿음과 불신 사이에서 발연하는 아리한 번뇌 모두 화심 속에 쓸어안은 꽃이다. 어떤 깨달음 하나가 가늘게 물살지어 밀려오는 인연의 꽃이다. 나목의 가녀린 수액에 의지해 엄동설한을 앓아온 인고의 꽃이다. 잠시뿐인 꽃 한 송이 피워내기 위해 삭이고 녹여낸 고통인들 얼마이었을까. 잎이야 피든 말든 주저치 않고 선뜻 꽃부터 피워낸 치열함…. 보기에는 부드러운 유백색이나 내심은 가시 돋친 장미꽃보다 강하다.

하염없이 떨어져 내리는 목련꽃을 쳐다보고 앉았노라니 깨달음 하나가 정수리를 친다. 모든 존재의 섭리는 소멸이다. 그래서 목련꽃도 떨어져야 한다. 그 많은 세월동안 꽃 피면 봄인 줄만 알았고, 잎 피면 여름인 줄만 알았던 내 삶도 예외일 수 없다. 뜨고 지는 해와, 달과, 별들이 바로 세월의 본질이었다.

백번을 비워도 비워지지 않는 것이 세월이듯, 해마다 목련꽃은 그렇게 피고 졌어도 봄이니까 피고, 또 지는 줄만 알았다. 꽃을 피워내기까지의 치열함, 하룻밤의 생애뿐이기엔 너무 짧은 목련꽃 애상(哀想)이다.

억새꽃 단상

전라남도 천관산이라고 하던가. 가을빛도 수척해진 산마루에 하얀 억새꽃 풍경이 TV화면을 타고 가득하게 일렁인다. 세월의 소리가 들리는 듯 삶의 깊이를 헤집어내는 영혼의 언어 같다. 앳된 아가씨 리포터의 호들갑이 역겨웠지만, 하얀빛 여울 되어 능선을 휘감는 풍경이 왠지 무상을 깨닫게 한다. 억새꽃은 바람의 화신이고, 세월의 형상이다. 바람의 혼을 머금고 바람의 방향 따라 너울댄다. 허무가 밀려들면 허무를 춤추고, 무상이 밀려들면 무상을 춤춘다. 늦가을 파란 허공은 억새꽃의 춤마당이다.

육신의 두께가 얇아지면 마음까지도 가벼워지는가. 무성한 잎사귀마다 서슬 퍼렇게 양날 세워 범접할 수 없이 서걱대던 위세도 모두 다 청춘의 허상이었나. 하기야 억새도 잡초다. 제아무리 억세도 억새는 잡초다. 세월 앞에선 억지도 소용없고, 억세도 별 수 없다. 검푸른 초록빛 군락지가 온통 황갈색 되어 사색(死色)으로 변했으니 제아무리 하얀색 뽐내 봐도 찬바람에 하염없이 흔들리는 억새꽃 풍경은 분명 허무다.

세상에 흔들리지 않는 게 있을까. 어느 오페라에서는 여자의 마음을 "흔들리는 갈대"라고 했다. "여심을 비하한 표현"이라고 시비하는 사람은 없다. 자연도 세월 따라 변화하듯, 사람도 바람 따라 흔들리며 산다는 철학적 명제를 부정할 수는 없을 것이다. 좌파나 우파, 진보나 보수 등 사회를 흔들어대는 이분법적 편견도 부질없는 짓이라고 억새꽃 군무는 암시한다. 볼수록 감회가 무량하다. 세월의 언어인가. 아니면 윤회로 빚어내는 자연의 순리인가?

상념은 추억을 불러온다고 했다. 지나온 내 삶의 추억들마저도 억새꽃 춤사위 타고 흐느적댄다. 어릴 때 갓고개, 진고개를 오르내리던 시골 학교길 산굽이마다 무성하게 자라던 억새밭 풍경이 아련하게 펼쳐진다. 찌르륵대는 여치 잡으려고 뛰어들었다가 바람에 휩쓸리는 억새 잎 칼춤으로 어린 손등 곳곳에 핏방울 튕기던 동심이 아직도 고향 억새밭에서 서성댄다. 가을 학예회 연습 끝내고 후미진 산길 혼자 넘던 어스레한 초승달밤 유령처럼 흐느적대던 희뿌연 억새꽃 춤바람에 속아 비명 지르며 달아났던 추억도 어제 같다.

생각해보면 억새꽃은 꽃이 아니다. 꽃처럼 위장한 억새풀의 씨앗이다. 수많은 씨앗들을 매달고 벼이삭처럼 패어 나와 또 다른 번식을 준비하는 기능이다. 마치 민들레 꽃모양 비상(飛上)을 위해 하얀 솜털로 감싸 안은 한 톨의 씨앗이 바람 따라 어디론가 떠나기 위한 처절한 방황의 시작이기도 하다. 그러나 억새꽃 씨앗은 씨앗 구실을 못한다.

모든 씨앗은 흙에 묻혀야 싹을 낸다. 때문에 흙에 묻힐 겨를 없이 바람 따라 날아다녀야 하는 억새는 종자번식에 의존하지 않고, 뿌리로 번식하는 또 다른 생태의 변태적 다년생 잡초인지도 모른다. 억새풀 씨앗은 거의 모두가 바람 따라 떠남으로 끝이다.

억새풀 씨앗을 굳이 꽃이라고 우겨대면 그것은 허무의 꽃이다. 일생을 바람으로 살다가 바람으로 마감하고, 끝내는 바람 따라 죽어야하는 허무한 종말의 의식이다. 한해살이 잡초가 4계절로 토막 난 세월의 끝자락을 알리며 영혼의 세계로 회귀하는 창백한 비상이고, 서글픈 회억의 몸짓이다.

한 시대를 구가하고 흘러간 서정의 유행가, 고복수의 〈짝사랑〉 노래가 환청되어 애절하게 스친다.

"아-아- 으악새 슬피 우니 가을인가요. 지나친 그 세월이 나를 울립니다. 여울에 아롱 젖은 이지러진 조각달 강물도 출렁출렁 목이 멥니다."

이 노래 말속의 '으악새'는 도대체 무슨 새일까? 차디찬 가을밤 정처 없이 오가며 중천의 어둠속에 꺼이꺼이 그리움 쏟아내는 철새이름도 아니고, 그렇다고 남의 영역 넘보지 않고 사시사철 언제나 제자리만 지켜 사는 옹졸한 텃새 이름은 더욱 아니다. 짝사랑으로 가슴 태우는 가을 새인가. 잃어버린 세월을 한탄하는 사랑새인가…. 아니면 억새풀의 변형된 이름인가.

한 번 뿌리 내리면 억세게 자라다 세월 다하면 하늘을 향해 하얀 마음 쓸쓸히 날려 한 해의 존재를 마감하는 바람의 풀 '억새'의 마지막 이름이 '억새꽃'이다. 어디서나 억세게 자라는 생태적 특성 때문에 붙여진 이름, 억새풀도 바람에겐 눕고 세월에겐 죽는다. 떠오르는 아침 햇살엔 '은빛'으로 치장하고, 황혼녘 붉은 노을엔 '금빛'으로 치장하지만 은빛도 금빛도 억새꽃에겐 "강물도 출렁출렁 목이 메는" 부질없는 허영이다.

어느 학자는 억새꽃을 일러 서정의 꽃, 느낌의 꽃이라고 일렀다. 찬바람 등에 지고 하얗게 일렁이는 억새밭에 서면 "출렁출렁 강물도 목이 메듯" 숱한 회억이 밀려들기 때문이리라. 계절의 순리 앞에 서면 잊히고 맺혔던 먼 날의 아련한 추억들도 보인다.

나에게도 바람으로 요동치는 야망도 있었고, 하늘 높이 솟아오른 이상도 있었다. 허지만 그것들이 모두 순리로는 풀어낼 수 없는 억새꽃의 허영이고 욕심이었음을 이제서 깨닫는다.

나는 이제 하늘보고 흔들어댈 하얀 꽃도 없다. 금빛 은빛 황혼을 장식할 아름다움은 더더욱 없다. 가벼워진 마음 하나도 간직하기 쉽지 않으니 이 또한 세월인가, 바람인가….

TV속에서 하얗게 일렁이는 억새꽃 풍경이 허무하다.

(2014. 12. 4)

이제 무엇을 말하랴

인생은 늙어지고 추억은 젊어지는가. 옛날 아버지 생각이 불현듯 스친다. 짧은 생애셨지만 사시던 흔적들이 내 기억 속에서 지워지지 않는다. 아버지는 장날만 되면 어김없이 장에 가셨다. 장사꾼도 아니고, 그렇다고 특별한 볼 일도 없었고, 또 호주머니에 가진 돈도 없었다. 단순한 농사꾼이셨지만 5일마다 열리는 장날에는 거의 매번 서산 장엘 가셨다. 고무신 하얗게 닦아 댓돌 위에 내놓아야 하고, 중이적삼이라도 풀 먹여 말끔하게 준비를 해드려야 하는 어머니로서는 늘 불평이셨다.

그때마다 아버지는 "사람이 사람을 만나, 사람 사는 '세상물정'을 알고 사는 게 사람 사는 도리(道理)"라고 말씀하셨다. '세상물정'도 모르고 집에서 일만 한다고 잘 사는 게 아니라는 논리셨다. 많은 사람과 만나야 많은 소식도 소통할 수 있다는 말씀이었다. 어린 마음이라도 아버지 말씀에 나도 얼른 수긍이 갔다.

이른 식전부터 씨앗 뿌릴 밭 갈고, 퇴비거름 져내며 부지런 피우시는 날은 아버지가 장에 가는 날이었다. 아침상 물리고 옷 갈아입기 바쁘게 바람처럼 앞산 고개 넘고, 산 뒤 물길 건너 10리길 서산장마당을 다니셨다. 지금처럼 포장길도 아니고 교통수단도 없어 언제나 걸어서 다니는 거친 길이었다. 그때 아버지가 강조하시던 '세상물정'은 주변에서 발생되는 크고 작은 모든 소식들을 이르는 말이었다.

장날마다 변하는 각종 곡물류의 거래 시세도 알아야 하고, 또 멀고 가까운 사람들과의 인간관계도 장날에 소통됐다. 그때만 해도 산골 동네에는 정보통신 수단이 미개했다. 장에라도 나가야 이웃동네 사람들의 소식이며, 대충의 시국 얘기라도 듣고, 나눌 수 있던 때다. 또 가을에 농사지어 갚기로 하는 이잣돈도 빌려와야 장 뒷날로 미뤄온 내 사친회비, 공책 값, 배급 석유 값, 비료 농약 값 등 집안에서 필요한 급한 용돈이 마련됐다.

그뿐인가. 산 넘어 북나무골 장 영감 댁 외아들의 전사통지서 날아온 얘기도, 역말동네 달구지 집 아들 장가보내는 얘기도, 토함산 밑 샘골 동네 어느 집 며느리가 양잿물 먹고 자살했다는 얘기 등 인간사 희로애락 모두가 장날 만나는 사람들 편에 소통이 됐다. 장에 자주 다니신 만큼 아버지는 다른 사람들보다 사회적 물정이 넓으셨고, 생각도 빠르셨다.

그 때문이었나? 그 시대는 아버지가 인근에서 비교적 출입이 많고 교분이 넓으신 분으로 알려졌다. 내가 다니던 초등학교 교장 선생님도 가끔 길에서 만나면 "아버지 안녕 하시냐"고 묻곤 하셨다. 인간의 인연을 소중하게 여기셨기에, 거리 불문하고 남들의 애경사에도 빠지지 않으셨다. 비록 배움은 부족했지만 성품이 곧아 약자를 돕는 정의감이나 인정이 많으셨다. 어쩌다 이웃들끼리 언쟁이라도 발생하면 당사자들을 우리 집으로 불러들여 시비곡절까지 가려주고 서로 화해토록 주선해 주곤 하셔서 '동네판사'란 별칭으로 통했다.

그래서 우리 집엔 아침저녁으로 찾아오는 사람도 많았다. 산림감시원한테 소나무 베다 들켜도, 세무서 밀주단속원한테 누룩 띄우다 들켜도 아버지를 찾아왔다. 특히 선거 때만 되면 후보들의 출입도 잦았다. 1950년이던가? 국회의원 선거 때는 평소에 교분이 있던 어느 후보 선거운동에도 직접 참여해 당선의 영예를 만들어 주기도 했다. 모두가 잦은 장날 출입으로 맺어진 인연들 덕이었다.

중학교 1학년 봄방학 때 아버지 따라 함께 장에 갔던 추억은 지금도 지워지지 않는다. 소전[牛市場] 입구 사거리에 도착할 무렵이었다. 큰북을 등에 짊어진 약장사의 구성진 각설이타령에 사거리 뒷골목 공터는 이미 구경꾼들로 북적댔다. 그때만 해도 장날 따라 순회하던 약장사 구경은 시골에서 손꼽히는 볼거리이었다. 어른들 틈 비집고 약삭빠르게 앞자리 땅바닥에 주저앉았다. 구경꾼들이 몰려들수록 약장사는 신이 났다.

"작년에 왔던 각설이 죽지도 않고 또 왔네…."로 시작되는 각설이 타령과 어울린 구수한 호객잡담으로 구경꾼들의 흥취를 한껏 돋운 다음 "애들은 집에 가라"는 경고(?)가 더욱 호기심을 자극해 자장면 사주겠다던 아버지 약속마저도 잊었다. 저녁때서야 허기진 배고픔 참으며 술 취해 비틀대는 아버지 부축하고 집으로 돌아오면서 어린 마음은 왜 그리도 야속했던지…. 그 추억은 늙지도 않는다.

동서남북으로 통하는 우시장 앞 사거리 장터는 사람들이 모여드는 명당이었다. 사방 곳곳에서 올망졸망한 꾸러미에 삶의 애환들 이고지고 이합집산하던 곳. 서로가 반가워 덤으로 주는 인정도 많았고, 치부책에 적어두는 외상거래도 흔했다. 만나서 반가운 사람들끼리 목로주점 때 절은 탁자 위에 막걸리주전자 놓고 둘러앉아 이 동네, 저 동네 좋은 소리 궂은소리 온갖 물정이 넘쳐났다.

애환이 넘치던 시골의 장날 풍경은 이젠 없어졌다. 시골도 이젠 굳이 장날이 필요 없다. 컴퓨터 스마트폰, 또 마트나 마켓 등 문물거래문화도 도시와 시골이 구분 없다. 인터넷이나 전화 한 통화면 모든 생필품이 집으로 배달된다. 의식주 모두가 넘쳐난다. 오히려 남아돌아 문제다. 그런데도 행복하다는 사람은 하나도 없고, 세상은 불평불만 뿐이다. 인심은 더욱 각박해지고, 세상 정서는 더욱 살벌해지고 있으니, 이 무슨 역설인가.

(2014. 4.)

무엇으로 존재하는가

매미들의 울음소리도 어설퍼진 초가을이다. 세상사 자글대는 넋두리 한 다발 짊어지고 가까운 보문산 오솔길로 접어든다. 동행도 없고, 또 기다리는 사람도 없으니 굳이 눈치 보고 서두를 이유도 없다. 또 정해진 목표도 없으니 그림자 벗 삼아 발길 내키는 대로 휘적휘적 걷는다. 특별하게 볼일 없는 날은 일과처럼 돼버린 산책길이다. 새소리, 물소리, 바람소리 모두가 모난 데 없어 산길에 들어서면 마음이 푸근해진다.

여름 장마에 깎이고 패였기 때문인가. 오늘 택한 길은 조금 험하다. 모서리 사납게 일으켜 세운 돌멩이들이 흡사 세상인심 같고, 무질서하게 튀어나온 나무뿌리가 얼기설기 불거진 내 손등에 핏줄 같다. 오늘은 왜 하필이면 이 길을 택했을까, 혼자 중얼거리며 한눈파는 순간, 튀어난 나무뿌리에 걸려 하마터면 낭떠러지 밑으로 곤두박질칠 뻔했다.

길옆 작은 바위 돌에 걸터앉아 놀란 가슴 진정하며 심사 곱지 않은 눈길로 발길에 채인 나무뿌리를 다시 한 번 흘겨본다. '저놈의 뿌리 때문에 다치거나 놀랜 사람이 나 말고도 한둘이 아닐 것'을 연상하니 슬그머니 튀어난 나무뿌리가 밉기도 하고 화도 난다. 옛말에 "잘난 놈은 못난 놈 치고, 못난 놈은 강아지 친다."고 했던가. 모든 잘못을 약자에게 떠미는 교활함이라니…, 내 심사 역시 다를 바 없다. '저놈의 뿌리 그냥 내버려둬서는 안 되겠군, 내일은 휴대용 톱을 가지고 와서 산책로에 튀어나온 나무뿌리들을 모조리 잘나내어 여러 사람들에게 좋은 일 좀 하리라.' 속으로 다짐을 하는 순간이다. "이놈! 네 나이가 얼마더냐?" 생각 하나가 번개처럼 정수리를 후려친다. '튀어나온 나무뿌리를 잘라낼 게 아니고, 산길에 조심성 없이 다닌 네놈의 잘못부터 반성하라.'는 진리다.

맞다! 애매한 나무뿌리 탓할 게 아니구나 싶어 이마에 땀 닦고, 마음 가다듬어 하늘을 올려다본다. 울창하게 자란 나무들마다 수간(樹幹)을 곧추세워 생장점들 모두가 의기양양하게 하늘로 뻗고 있다. 내일을 향한 나무들의 푸른 꿈 합창이 환청(幻聽)되어 우렁차다. 높이 치켜들었던 시공을 슬며시 거두어 나무밑둥치 뿌리 쪽으로 내리면서 생각해본다.

생장점 하나 하늘로 올리기 위해 땅속으로만 파고들어야 했던 나무뿌리의 간절한 염원이 형상화되어 나를 빤히 올려다보고 있다. 마치 잘라내려고 마음먹었던 나무뿌리가 내 생각을 읽고 있는 것 같다. 산길에서 걸리고 넘어지게 하는 것들이 어찌 나무뿌리뿐이던가. 오솔길 통행인들에게 장애가 된다고 죄 없는 나무뿌리를 모두 잘라낸다면 하늘로 향한 저 울창한 나무들의 미래는 어떻게 될까….

"알았다. 내 생각이 부족했다. 장맛비에 패어 튀어난 나무뿌리에 흙 한 삽 덮어주지는 못할망정 잘라낼 것을 생각한 내가 비겁했다."

하늘로 향하는 수많은 수간들의 생장점은 숲의 미래고, 뿌리의 희망이 아니던가. 수간 한 줄기를 하늘로 올리겠다고 뿌리는 햇빛마저도 마다한 채 평생을 오로지 침울하고 음습한 땅 속으로만 파고드는 숙명을 택한 것 아니겠는가.

언뜻 부모님 생각이 떠오른다. 하늘높이 키우고 싶은 나무의 본성은 자식 가진 부모 마음과 무엇이 다를까. 자식들 가르치고 출세시키기 위해 음지에서 자기희생 모두 바치는 게 부모 마음이다. 나를 낳고 키워 세상에 내세우기 위해 우리 부모님들도 뭇 사람들의 발길에 차이고 짓밟히는 나무뿌리들처럼 온갖 수난 고통 겪어내셨을 것이다.

낳아준 게 죄인 양 험한 세상 모진 일을 감당해내시느라 등줄기 한 번 곧게 펴지 못한 채 사셨던 부모님은 생각만으로도 가슴이 뭉클해진다. 내 생명의 뿌리요, 내 인생의 근본이 아니던가. 허구한 날 패이고 무너져 흙 밖으로 드러날 때도 있었고, 때로는 짓밟히고 잘려야 하는 고통인들 어찌 한두 번이었을까.

사람들의 발길, 손길에 짓밟히고 상처 나면서도, 또 태풍 홍수에 사정없이 뽑히고 떠내려가면서도, 줄기 하나 곧게 키워내기 위해 자갈 속, 바위틈 가릴 것 없이 집요하게 땅속으로만 파고드는 뿌리들의 천형(天刑)적인 생태를 생각하면 만물의 영장임을 자처하는 인간 도리로서 오히려 민망하다.

내 발길에 채인 나무뿌리가 무슨 죄(罪)이랴. 전적으로 내 잘못 때문이었다. 탓할 수 없는 나무뿌리에 원망의 눈길을 보낸 건 교활함이다. 오늘의 세상에 나를 존재케 해준 내 뿌리, 우리 부모님들의 관심을 망각했다는 사실에 대해 스스로가 부끄럽다. 현실에 눈이 어두워 내가 오만해지고 비겁해진 탓이다.

보낸 적 없는데 가버리고, 주는 척하더니 빼앗아간 세월은 그냥 흐르기만 하던가. 까맣게 잊었다가도 어느 순간에 되살아나서 다시 울적하게 하는 게 부모님 생각이다. 세태가 달라지고 가치관이 변질됐어도 부모님만은 가슴에 품어야 하는 절대가치이고, 실존의 뿌리다.

자신을 태워 어둠을 밝히는 촛불이듯, 우리는 뿌리의 희생을 통해 세상에 나와 하늘을 보며 오늘을 살고 있는 것이다. 존재했다는 생각만으로도 깊은 울림을 주는 뿌리…. 나는 지금 이 자리에 무엇으로 존재하는가.

(2014. 9. 12.)

목화다래의 추억

단골식당 계산대 앞에 분재(盆栽)된 목화(木花) 한 주가 놓였다. 계절 없이 흔해진 난초나, 제철 만난 국화 분재 한두 개쯤이면 어울릴 자리에 생뚱맞게 목화분재가 차지한 걸 보면, 주인의 남다른 사연이 있을 것 같기도 하다. 목화는 산촌 뙈기밭에 심어졌어야 제격이다. 목화가 관상용이 되어 도심 속 식당 계산대에까지 나앉았으니 왠지 어설프다. 6·25전란 후 가난에 쫓겨나와 도시 뒷골목에서 웃음 팔던 시골처녀들의 가련하던 모습이 연상된다.

이때(11월)쯤이면 산골 양지 쪽 뙈기밭에서 진갈색 껍질을 터뜨려 하얀 솜꽃 소복소복 피워내던 목화다. 시대가 바뀌자 팔자가 트였나, 아니면 문명과 풍요에 밀려난 기구한 운명인가. 실내온도 때문에 몇 개의 다래(열매)만 매어단 채 아직도 이파리가 청청하다. 목화가 도심 속 식당에서 관상용 화초로 대우받을 만큼 위상이 높아진 것은 분명 아니다.

시골에서도 이제 찾아볼 수 없을 만큼 멸종이 됐다. 식량작물 못지않게 목화도 한때는 농촌에서 애지중지 가꾸던 소중한 섬유 작물이었다. 산업화로 쏟아져 나오는 합성섬유 때문에 천덕꾸러기로 밀려나 이젠 낯선 땅, 도심 번화가 접객업소 영업장까지 나앉아, 취흥 게슴츠레한 뭇사람들의 눈요기 감으로 전락되어 있다.

끓이고 태우며 찌든 악취공해와, 담배연기 매연공해, 갈등분열로 살벌해진 인심공해에 시달리며 제철마저도 잊은 채 낯선 환경에 적응하느라 견디어낸 시련과 고통은 얼마였을까. 맑고 고왔던 옛 고향 산천환경이 얼마나 그리울까. 비록 산골 뙈기밭이지만 소중하게 여기며 가꾸고 북돋아주던 할머니, 할아버지들의 옛정인들 어찌 잊을 수가 있을까.

어릴 때 고향생각이 저민다. 가난에 쫓겨 고향을 떠나왔던 50여 년 전 내 인생 여정이 주마등처럼 스친다.

"우리 처음 만난 곳도 목화밭이라네/ 우리 처음 사랑한 곳도 목화 밭이라네/ 그 옛날 목화 밭/ 잠시라도 잊지 못할 곳 목화밭/ 목화밭…"

이제 가사마저 가물가물해진 옛날의 〈목화밭〉 노래를 흥얼대본다.

내 고향은 서산이다. 군에서 제대한 20대 초반 나이에 직장을 잡아 산 곳이 지금의 대전이다. 사글세, 전세를 전전하며 무려 11번이나 이사를 다니며 오늘에 이르기까지 그 숱한 세월동안 타향객지에서 몸 고생 마음고생이 얼마였던가. 아버지가 찾아오셔서 구차하게 사는 자식 모습에 흐린 눈빛으로 하늘만 쳐다보고 가신 적도 여러 번….

"타향살이 몇 해던가/ 손꼽아 헤어보니/ 고향 떠나 십여 년에 청춘만 늙고…"

옛 노래 타향살이는 가수 고복수 만의 노래가 아니었다. 소주 한 잔 얼큰한 날에는 바로 내가 목 놓아 부른 노래다. 고향 잃은 목화나무의 서러움인들 무엇이 다를까. 문명에 버림받고, 풍요에 버림받고, 급기야 농촌에서까지 버림받고 목화가 도시 식당가 관상용 분재로 밀려났다.

목화는 본래 고온다습한 열대지방의 다년생 식물이었다. 어쩌다 고려 사신 문익점(文益漸)의 눈에 띄어 본의 아니게 본적을 일탈해 조선 땅에 들어오면서부터 한해살이풀로 전락됐다. 기구한 이민역사에 생태까지 바뀌는 시련을 겪어야 했다. 타향살이 어언 650여 년이다. 목화가 한국 땅에 첫 뿌리를 내릴 때는 극진한 대우를 받으며 우리 민족과 애환의 세월을 함께 했다.

유일한 옷감의 원료이기도 했지만, 꽃이 지고 난 며칠 후에 밤알 크기만큼 매달리는 달착지근한 다래 맛은 동심들에겐 일품의 군것질 과일이기도 했다. 나도 어릴 적엔 목화 열매를 따먹으며 자랐다. "열매 하나가 자라서 목화로 피면 네 양말을 떠줄 수 있는 실이 얼만데 그걸 따먹느냐"고 나무래시면서도 아들의 배고픈 설움에 글썽하던 어머님 눈빛이 지금도 선하다.

목화를 심어 무명을 짜내 옷으로 입기까지 모두 어머니의 한과 설움이었다. 배고픈 한도 컸지만, 그보다 더 큰 한은 헐벗은 한이었다. 겨울옷은 무명, 여름옷은 삼베이었다. 무명실을 만들기 위해 어머니들은 북풍한설 문풍지 울어 에는 긴긴 겨울밤 물레질을 하면서 서리서리 맺힌 인고의 한을 풀어냈고, 베틀에 앉아 허기진 허리를 졸라매며 알아듣지 못할 군소리 토하시며 청승맞게 바디질을 했다.

이제 목화는 이 땅에서 없어졌다. 배부르고 등짝 따뜻해지면서 어느 날부터인가 목화는 농촌에서조차 쫓겨났다. 농경사회에서 산업사회로, 다시 첨단 과학문명시대로 접어들면서 목화도 갈 곳을 잃었다. 옷감의 수요는 몇 십 배로 늘어났지만 목화 농사는 이 땅에서 배척당하고 말았다.

작은 분(盆) 속에 갇혀 답답한 식당 안에서 가을인지 겨울인지 계절감각마저도 상실한 채 목화나무는 고향도, 세월도 체념한 듯 매춘용으로 변신해 있다. 7~8월 무궁화를 닮은 예쁜 꽃 지고나면, 하늬바람 서늘해질 때 하얀 솜꽃으로 몽실몽실 피어나던 목화 열매…, 아련해진 고향추억이다.

(2010. 11. 4.)

가슴 저미는 백마강 노래

못 다한 사류(史流)의 한이던가. 잊을 수 없는 패망의 잔영(殘影)이던가. 아직도 그 산천 그 자태는 그 자리에 머물고, 그때 그 하늘, 그 바람이 여전하건만 무상한 세시(歲時)만 쌓이고 또 쌓여, 어느덧 백제의 멸망 역사는 1천4백여 성상(星霜)을 넘는다.

맺힌 한, 망국의 울분이듯 갑옷 투구차림에 두 눈 부릅뜬 결연한 시선, 황산벌을 향해 포효하듯 창검 치켜들고 전장으로 달리는 계백(階伯)의 동상만 을씨년스럽게 서있는 부여읍내 로터리를 돌아 아직도 잔설이 얼룩진 부소산에 도착한 건 짧은 해 서녘으로 비켜선 음력 정월의 황혼녘이다.

뜨는 달빛을 보기 위해 지었다는 망월대(望月臺)에 올라 장엄한 낙조에 붉게 타들어가는 옛 백제왕도의 정경부터 살펴본다. 원한도, 탄식도 세월 가면 모두가 부질없는 넋두리뿐이던가. 황혼 무렵 부여시가지는 한산하다 못해 잔영의 앙금처럼 빛바랜 사실(史

實)만 서글프게 가라앉아 있다.

이제 와서 누구를 원망하고, 누구를 저주하랴. 밟으면 밟을수록 발자국마다 망국의 통한만 묻어나는 옛 백제의 수도 부여(扶餘)…. 양지쪽만 찾아다니며 정보부장, 국무총리, 정당의 총재, 국회의원 등 30여 년간 국정권력을 쥐락펴락하던 거물정치인 출신지였기에 경주(慶州) 못지않게 발전하리라는 지역 주민들의 기대는 호사에 들뜬 망상뿐이었던가.

소정방의 전리품되어 당(唐)나라에 끌려간 의자왕의 넋이던가, 아니면 침략군에 짓밟힐 수 없어 차라리 단애절벽에 몸을 날린 3천 궁녀들의 정절이던가. 낙화암에서 처절했던 사연들만 하얗게 쌓인 모래톱을 스치며 하염없이 흐르는 백마강물을 내려다보노라면 면면하게 이어지는 사색마저 창연해진다.

온조왕부터 의자왕까지 서른한 분의 왕이 다스렸던 678년 사직의 백제, 북방의 발해 땅에서 건국하여 위례를 시작으로 웅진, 사비에 이르기까지 천도역사도 기구했지만, 빼어난 기상, 뛰어난 무예, 고도의 문화, 우수한 기술로 한반도 서남부와 중국의 하북, 하남성 일대는 물론, 일본열도까지 영토로 거느렸던 전성기도 있지 않았던가.

포악한 당(唐)나라 장군 소정방의 오만불손한 횡포가 섬뜩하게 환영(幻影)되어 스친다. 나당(羅唐)연합군에 쫓겨 사자루(泗泚樓)

에 앉아 3천 궁녀들이 강물로 뛰어드는 낙화암의 비명절규에 넋 잃었을 의자왕의 혼비백산한 모습도 연상된다. 산 아래 도읍지가 온통 전장으로 짓밟혀 아수라장이 된 백성들의 아비규환도 환청(幻聽)되어 고막을 찢는다.

아! 백제여! 나라를 다스리는 통치자의 사명과 능력, 그리고 전쟁에서 승자와 패자의 엇갈리는 운명이 어찌 백제 역사뿐이랴. 고구려, 신라도 그랬을 것이다. 흥망성쇠를 반복해온 오늘의 역사인들 무엇이 다를까. 당파싸움으로 망국의 한을 자초한 조선 역사가 그랬고, 6·25전쟁으로 초토화됐던 이 강토, 이 시대의 역사가 비참했다.

부여는 발길 닿는 곳마다 고도의 역사가 살아있는 사적지고, 눈길 머무는 곳마다 스러진 백제의 유적지다. 어느 사학자가 말했듯 "역사는 과거로 떠나버린 여정이 아니라 오늘의 과제로 다시 돌아오는 귀환"이다. 무량한 회한 벅차게 끌어안고 삼충사(三忠祠)에 이르니 계백(階伯) 흥수(興首) 성충(成忠)의 절의가 선연하다.

낙화암 고란사로 상징되는 절절한 백제의 사연들이 구곡간장에 배어드는 애달픈 노래되어 다시 들리는가….

백마강 달밤에 물새가 울어 잃어버린 옛날이 애달프구나.
저어라 사공아 일엽편주 두둥실 낙화암 그늘아래 울어나 보자.
고란사 종소리 사무치는데 구곡간장 오로지 찢어지는 듯

누구라 알리요 백마강 탄식을 깨어진 달빛만 옛날 같으리.

얼마나 다급했기에 치마폭 뒤집어쓴 3천의 궁녀들이 절벽아래 강물로 뛰어들었을까. 낙화암! 처절했던 그 현장에 서니 나도 백제인의 후예라는 생각이 정수리에 꽂혀 등골이 오싹해진다. 삼국시대를 대표했던 백제국의 고도, 일본까지 전수된 찬란했던 문화…, 그때는 옛날이고 지금은 현실이라고 누군가가 외치는 듯하다.

유적지, 사적지에 묶인 개발제한 때문에 빚어지는 현지 주민들의 원성과 불평은 높다. 이제 백제고도 복원은 허울 좋은 이름뿐이다. 백제문화를 폄하했던 삼국사기의 곡필(曲筆) 때문인가, 아니면 일제 식민 사학자들의 왜곡 때문인가. 같은 삼국시대 신라의 수도였던 경주(慶州)는 이미 화려하게 개발된 지 오래다.

부여는 이제 '백제의 고도'라는 소중한 역사적 가치권역에서마저 퇴색되고 있다. 부소산 반월성터에서 바라본 백마강 풍경부터 그렇다. 옛날 노래처럼 일엽편주 두둥실…, 노 젓는 뱃사공 풍경은 없다. 산재된 백제 유적이나, 사적들의 깊고 큰 의미들이 묻혀가고 있다.

다시 불러보는 백마강노래에 가슴이 저미는 것은 나만의 감성은 아닐 것이다.

(2009. 2.)

오월의 섭리

비 내린 뒷날 5월의 아침은 유난히도 싱그럽다. 창밖에 가득하게 어우러진 연초록 세상이 온통 환희다. 3,4월에 피고 진 요염하던 꽃들보다도 훨씬 더 청순하고 아름답다. 자연의 섭리가 또 한 번 경이롭다. 누가 5월을 일러 계절의 여왕이라고 했던가. 들뜬 마음으로 달력을 짚어본다.

31일 중 10여 일이나 특별한 이름을 갖고 있다. 계절적으로는 입하 소만이 함께한다. 어버이날 어린이날을 포함해 한 달 내내 가정의 달이다. 해마다 반복되건만 을미(乙未)년에 느끼는 5월의 의미는 더욱 소중하다. 토요일도 5일, 일요일도 5일이나 된다. 820여 년 만에 나타나는 성리학(性理學)적 기적이란다. 석가탄신일도 5월에 들어있다.

겨우내 혼자 푸르러야 했던 사철나무의 고독이 스르르 풀리는가. 까닭 없이 너그러워지고, 또 주책없이 두근거려지기도 한다.

인생의 석양 앞에서 서성이는 내 스스로를 되돌아본다. 하늘에 떠가는 구름처럼 살아온 날들이 허허롭다.

내게도 5월이면 스치는 추억들이 많다. 뒤란 장독 사이에서 백작약 흐드러지게 피워내던 계절도 5월이었고, 소쩍새 울어 마당가 오동꽃향기 더욱 진하던 사춘기 설렘도 5월이었다. 산골 논배미에 개구리들의 사랑노래 넘치도록 밤새우던 으스름달밤도 5월이었고, 손등 찢기며 따 들인 아가시아 꽃 떡으로 허기를 채우던 가난의 추억도 5월이었다.

건너 산 계곡에 들어서면 도란대는 물소리 정답고, 정상에 오르면 스치는 훈풍도 감미로웠다. 능선마다 지저귀는 온갖 새소리들 평화롭고, 덥지도 않고 춥지도 않은 안온함이 철모르던 어린 시절의 낙원이었다. 비록 헐벗고 배고팠지만, 산야에 모든 초목들이 하늘을 향해 수관(樹冠)을 추켜세우는 희망의 계절도 5월이었다.

5월의 순리는 지금도 변함없다. 너그러운 계절이고, 사랑의 계절이며, 아름다운 계절이다. 마른 가지마다 모두가 푸른 잎 피워내 너그럽고, 하나로 통일된 연초록 세상이 평화롭다. 분열과 갈등 버리고 천지가 하나 되어 모두가 푸르게 살자고 이른다.

5월은 감사의 달이다. 좋은 인연도, 나쁜 인연도, 세상 모든 인연들 너그러움으로 포용해야 한다. 지난겨울 혹독하던 추위를 소리 없이 포용해 푸른 잎으로 피워낸 섭리가 그렇게 하라고 가르친다. 무엇보다도 내가 지금까지 생명 붙이고 살아있음에 감사하고,

또 언제까지일지는 알 수 없으나 반드시 종점까지 살고 가야 한다는 순리에도 감사한다.

못나고 속 좁은 내 부족함을 덮어주고 다독여주며 공동체 속에 함께 할 수 있도록 허락해준 많은 이웃들이 고맙고, 능력과 지혜, 깨달음이 나보다 훨씬 커서, 나도 더불어 반성케 하고 깨닫게 해준 많은 인연들이 고맙다. 그 옆에서 항상 함께할 것을 부추겨준 주변의 사랑들이 감사하다.

특히 가정의 달인 5월은 언제나 감사한 마음이 가득 찬다. 진수성찬은 아니지만 어느 때고 배고프지 않게 먹을 수 있어 고맙고, 화려하지는 못하지만 비바람 피할 수 있는 안식처가 있음도 고맙다. 때때로 걱정을 안기고 근심을 주더라도 내 가정이 있다는 게 고맙고, 또 짜증과 역정을 반복하면서도 서로가 서로를 염려하고 의지하는 가족이 있어 고맙다.

늘 5월 같은 세상, 5월 같은 사랑이길 기구(祈求)한다. 5월은 바람결도 자비롭고, 하늘색도 사랑스러우며, 떠도는 구름까지도 평화롭다. 오동꽃, 등꽃, 아카시아꽃 등 푸른 잎 속에 숨어 조용히 피어도 향기 아름다운 꽃들은 모두 5월의 꽃이다. 언뜻 보면 세속의 요염을 떨쳐 버린 듯 수수하지만 그 고고한 향기는 요조숙녀다.

생각해 보면 하나의 나뭇잎도 거저 피고 지는 게 아니다. 한번 피고지면 몸통 속에 반드시 한 바퀴 나이테라도 그려 놓는다. 만물의 영장임을 뇌까려온 내 삶이 더욱 부끄러운 이유다. 허구한 날 글 쓰는 일을 계속했지만 지금까지 빛나는 문장 하나도 만들어 내지 못했다. 숱한 성상을 켜켜이 쌓아왔지만 그 속에 보람의 나이테 하나도 남기지 못했다. 1백 년도 버거운 삶에 천년의 욕심을 짊어지고 헉헉대온 내 존재가 더욱 초라해진다.

생각이 짧아 깨닫지 못하고, 마음이 좁아 품지 못하고, 가슴이 작아 아우르지 못했던 많은 모순을 모두 함께 묻어야 한다. 5월의 순리가 그렇게 하라고 이른다. 간직할 것과 버려야할 것, 맺어야할 것과 풀어야할 것, 가야할 길과 가지 말아야할 길을 5월은 가르친다. 어젯밤 비 내리더니 5월의 아침은 더욱 싱그럽다.

(2015. 5. 12.)

73번째 생일 밤

가을바람 살갑게 스쳐대는 9월 하순, 여름의 원색광란이 휩쓸고 간 동해안 해변풍경은 고즈넉하다. 맑은 햇살 하얗게 깔아놓은 텅 빈 백사장은 차라리 적막하다. 자동차가 멈칫하더니 신통하도록 똑똑한 놈, 네비게이션이 "여기가 양양(襄陽) 쏠비치 호텔"이라고 알려준다. 해풍 따라 그윽한 솔향기 한 줄기 상큼하게 코끝을 스친다. 주변을 둘러보니 울창한 소나무 숲이다. 장거리 장시간을 달려온 피곤이 싹 가신다.

어릴 때 휴가차 나온 아랫집 군인아저씨한테 들었던 "치열했던 전쟁터" 이야기 말고는 강원도 양양 땅을 밟아보기는 처음이다. 과분한 처지를 슬며시 감춘 채 프런트로 가서 예약된 방을 찾아든다. 베란다 밑까지 동해바닷물이 철썩대는 특실이다. 방에서 바라보이는 동해바다는 거칠 것 없는 망망대해다. 검푸른 물빛, 아스라한 수평선, 없는 듯 있고, 있는 듯 없는 유한과 무한의 사색만 넘나든다. 기쁠 땐 눈물도 난다던가. 정말로 눈물겹도록 아름답다.

오직 미래만을 향해 단조롭게 살아온 내 좁은 생각 속에서 한 줄기 회오리바람이 일어난다. 우물 안 개구리처럼 한정된 공간에서 냄비처럼 보글대며 살아온 졸부의 해방감이기엔 넘치는 호사다. 맛있는 음식만 보아도 아들 생각으로 눈물 적시던 옛날 어머니 환상이 스친다. 또 이처럼 아름다운 풍경 속에 함께하지 못한 손자손녀들도 마음속에서 아른댄다. 환경이 바뀌면 생각도 따라 바뀐다고 했던가.

그동안 살아오며 다독여왔던 삶의 그릇들을 들여다본다. 허와 실이 앙금처럼 담겨있고, 선과 악도 담겨져 있다. 사랑과 증오가 환영(幻影)으로 오르내리고, 만남과 헤어짐의 정한(情恨)도 꼬리 물고 교차한다. 살아오는 동안 멀어지고 가까워진 사람들도 떠오른다. 수평선 위에 두둥실 떠가는 흰 구름 한 가닥까지도 외면할 수 없는 삶이었다. 내 심사(心思) 눈치라도 챘는가, 형님 생일 축하합니다. 동생 내외가 소주잔을 내민다. 그래 한 잔 마시자.…

아름다운 풍경이 눈에 익기도 전에 짧아진 해거름은 바쁘기만 하다. 동해바다 물빛이 더욱 검푸르러진다. 내가 세상에 태어나 73번째 맞는 생일날이다. 여행을 주선해준 아들과 며느리들이 고맙다. 최고에 이르는 특별한 경지까지는 도달해본 적 없지만, 지분지족(知分知足)하며 큰 탈 없이 오늘까지 살아온 내 인생 스스로에게도 감사한다.

삶의 길 70여 성상, 어찌 평탄함만 있었으랴. 생각이 같지 못해 가족 간에 덜커덩댈 때도 있었고, 행동이 같지 못해 이웃들과 오해로 넘나든 시간은 또 얼마였던가. 삶이란 다 그런 거지…, 인생이란 다 그런 거지…, 지그시 눌러보지만 오늘의 감회는 다르다.

두 동생들 부부가 번갈아 돌리는 소주잔 맥주잔을 마시다보니 취흥은 오르고 해는 기운다. 욕심 같아서는 오늘만이라도 석양에 기우는 해를 꼼짝 못하도록 묶어두고 싶다. "외국여행이나 한 번 다녀오시라"는 아이들의 권유를 뿌리치고 "국내여행도 제대로 못 다녀본 주제"임을 내세워 고집으로 선택한 코스가 오늘의 양양이다.

늘그막에 3남매 부부가 함께 양양까지 찾아와 호텔 베란다에 술판 벌이고 앉아 동해 풍광에 취하다보니 "내 고집이 옳았다"는 생각에 마음속 희열 한 가닥이 호사스런 춤사위까지 벌인다. 동생들까지도 형님, 오빠 판단이 옳았다고 벙실거린다.

누가 여행을 일러 "일상의 나를 내려놓고 다시 들여다보기"라고 했던가. 나는 그동안 여행다운 여행을 해본 적이 없다. 직업상 출장이란 책임의 무거운 등짐을 짊어지고 다닌 곳은 많지만, 해방감을 소리치며 나 자신을 되돌아보는 사색의 여행은 없었다. 가난탈피라는 숙명적 과제 속에서 자유롭지 못했던 사고의 범주가 나 자신을 옹졸하게 묶어 매고 살았던 점도 부정할 수 없다.

어찌 나뿐일까. 식민지를 체험하고, 전쟁을 체험했던 같은 세대들에겐 물질적으로도 그랬지만, 정신적으로도 그랬다. 명승지 찾아다니며 즐기고 노는 것은 도덕을 거스르는 역행이라고 생각했었다. 누가 시킨 것도 아니고, 교과서로 배운 것도 아니지만, 체험한 고통으로 몸에 밴 근성이었는지도 모른다.

어둠은 어느새 드넓은 동해바다마저 자취 없이 묻어버린다. 세상에 잡다한 형상들은 모두 사라지고 거친 동해바다 파도소리만 남는다. 어쩔 수 없이 내 인생도 또 하루를 빼앗겨야 한다. 어스름이 서서히 발목을 채우기 시작하고 이유 모를 적막함이 주위를 에워싼다. 누가 "밤은 무덤 같다"고 말했던가.

사람의 마음은 간사하다. 목울대 타고 넘어간 소주 취기에 아리한 우수까지 겹친다. 야간 경관연출을 위해 업소 측에서 해변에 설치한 상혼(商魂)의 조형물들조차도 창백해진 외등에 매달려 쓸쓸하다. 삭혀내지 못할 분통이라도 앓고 있는지, 참지 못하고 철썩이는 파도소리만 거칠게 몸부림치며 하얀 포말을 토해낸다.

무엇 때문에 파도는 저토록 자학하며 스스로를 바윗돌에 부딪쳐 산산이 부숴댈까. 망망대해 수평선 너머에도 자기를 어쩌지 못해 갈등하고 몸부림치며 통곡해야 하는 원통한 사연이라도 있었단 말인가. 평화만 있고, 영원만 있고, 또한 포용만 있는 줄 알았던 바다…. 염장(鹽藏)되어 더 이상 흐를 수 없는 좌절의 몸부림, 아니면 수증기로 증발되어 다시 육지의 도랑물로 졸졸대고 싶은 망향의 폭발이던가. 밤새워 바위 돌에 부딪치고 하얗게 깨지기를 반복하는 파도의 절규는 서럽다 못해 처절하기만 하다.

하루를 보내고 이별을 거두는 영혼의 의식이던가. 아니면 순리도 모르고 이치도 모르고 철없이 사는 인간세상이 안타깝고 답답해서 실천으로 가르쳐주는 자연의 섭리던가. 깊어가는 가을밤, 철썩대는 바다풍경은 좋은 동행이 있어도 외롭다. 밀려드는 그리움 같기도 하고, 빼앗기는 아쉬움 같기도 하다. 삶은 밀려왔다 부서지는 파도이던가. 있어도 없는 것처럼 공허한 애상(哀想)만 가득해지는 73번째의 생일 밤이다.

(2012. 9. 20.)

화무십일홍(花無十日紅)의 교훈

살아온 세월에 다하지 못한 여한이었나. 살아갈 날이 짧아지는 아쉬움이었나. 생전에 아버지께선 계절이 바뀔 때면 "화무십일홍(花無十日紅)"이라는 노래 가락을 자주 불렀다. 올해도 어느덧 여름 가고 가을이 성큼 다가섰다. 아버지의 노래 '화무십일홍'이 환청(幻聽) 되어 스친다. 6·25전쟁으로 공산군에게 점령을 당했을 때 반동이라는 죄명(?)으로 사경의 고비를 넘기셨다. 전란 후 숙명처럼 짊어진 무거운 가난 속에서도 아버지의 세월은 남다르셨다.

들판에 오곡백과 모두 여물어갈 무렵이었다. 이웃집 생일, 아침 초대상에서 취흥이 얼큰해지셨던 날이다. 대청마루 북창(北窓)문 열어젖힌 채 철없던 나를 불러 앉히고 "벌써 여름도 다 갔구나, 저 콩밭에 수수이삭 고개 숙인 것을 봐라…." 푸념이듯, 회한이듯 "세월은 화무십일홍"이라고 말씀하시던 기억이 빛바랜 추억이듯 지금도 새롭다.

현생에 휘둘려 사시느라 오가는 세월에 마음 쓸 겨를도 없었으련만, 아버지는 세월에 예민하셨다. 취흥이 거나하시면 으레 "화무십일홍이요 달도 차면 기우나니…"를 회한처럼, 탄식처럼 읊으셨다. 철없던 나는 어른들의 혼잣소리로만 흘려들었다. 나도 아버지처럼 늙어질 것이라는 생각은 추호도 없었다. 그러던 어느 날, 내 나이가 옛날 아버지 나이에 이를 무렵 이었다. 아버지의 노래 '화무십일홍'의 의미가 내 안에 들어앉기 시작했다. "너도 언젠가 철이 들면 알 수 있을 것"이라던 아버지 말씀을 깨닫기 시작했다.

세월은 그냥 흐르기만 하던가. 나를 여기까지 데리고 왔다. 부모님 가신 길 따라 나도 가고 있다. 지금 생각해보니 '화무십일홍'은 피고 지는 꽃의 노래가 아니다. 무상한 세월과 유한의 인생을 읊어댄 인생의 노래다. 올해도 벌써 처서(處暑) 백로(白露)가 지나더니 가을빛이 완연해졌다. 초청한 적도 없고, 보낸 적도 없는데 세월은 그렇게 가고 온다. 실존의 형상이듯 '화무십일홍'을 그토록 되 뇌이시던 옛날 아버지의 모습이 선연하다.

기억은 지워져도 추억은 살아나는가. 무상한 세월의 섭리 '화무십일홍'이 살갗을 파고든다. 건너 산 능선 타고 앉아 마냥 게으름만 피우던 뭉게구름도 화들짝 놀라 수만리 창천으로 달아났다. 가을 되니 도로변 깨꽃(사르비아)이 더욱 요염하게 붉어졌다. 가을꽃은 왠지 아무리 예뻐도 애상(哀想)을 담고 있다. 긴 모가지 하늘대는 코스모스가 그렇고, 마디져 가늘게 뻗어 올린 산기슭 구절초 꽃이 그렇다.

어느 꽃이든 '화무십일홍'의 섭리를 어길 수는 없다. 공상 젊어지고 아버지 계신 구천을 찾아 휘적휘적 근교 산자락 오솔길을 오르노라면 뒤따라오는 그림자가 무언의 '화무십일홍'을 읊어댄다. 알맹이 모두 빼앗긴 산길 옆 뙈기밭 옥수수 대궁도 빛바랜 잎사귀만 서걱대며 '화무십일홍'이다. 노송 우거진 보문산 고촉사(高燭寺) 얇아진 풍경소리도 청량한 솔바람 타고 예리한 금속성의 화무십일홍을 읊어댄다.

'화무십일홍'은 소리로 듣는 노래가 아니다. 마음에 새기는 세월의 노래다. 깜작 놀라게 하는 강렬함이 아니라, 나도 모르게 심연으로 가라앉는 허무다. 어느새 내 인생도 '화무십일홍'이다. 나도 한때는 청춘기가 있었다. 내 젊음은 영원할 줄 알았다. 모두 망상이고 착각이었다. 광대무변의 이상과 포부도 허상의 꿈이었다. 아무것도 두렵지 않았던 의욕도 열정도 세월에 떠밀려 석양에 시들었으니 말이다.

도로가에 울창하게 도열한 가로수들도 검푸른 초록빛 오만을 접었다. 윤기 흐르던 산야의 초목들도 몸살 치른 여인의 몰골이듯 수척해졌다. 닥치는 대로 휘감아 오르던 칡넝쿨도 세월의 무상한 이치를 알았는가, 성장점 멈춘 채 창공만 우러러 '화무십일홍'을 하염없이 흔들어대고 있다.

계절도 이젠 청춘기를 지났다. 하늘은 높아지고 햇살은 더욱 밝아졌다. '화무십일홍'인 세월의 섭리를 어찌 거역하랴. 청춘기 장년기 노년기로 진행되는 과정은 자연도 인생과 같다. '화무십일홍'의 섭리를 깨달았을 때는 청춘도, 인생도 이미 기울었다. 나 역시 황혼녘에서야 아버지 말씀을 지줄 대보지만 이미 '화무십일홍'이다.

세월을 재촉하는 빗방울이라도 흩뿌리는 날은 더욱 우울해진다. 우두커니 거실에 앉아 창문너머 시가지풍경을 내려다보노라면 우수수 몰고 간 바람 끝에 공허한 상념이 뭉클하게 밀려든다. 철모르고 살아온 졸부미생의 한계던가. 온갖 상념들이 무거워진다. 태연한척 해보지만 가슴 속에 파고든 '화무십일홍'의 진리가 혈관 타고 온몸을 돈다.

가슴을 두근거리게 하는 글 한 줄 만들어내지 못한 채, 그 간절하던 꿈마저 이젠 '화무십일홍'이 되고 말았다.

깨어진 사금파리도 반짝대며 빛을 내건만…, 도망치려 해도 이젠 도망칠 곳도 없다. 어림도 없는 착각이라고 섭리는 가르쳐준다. 이젠 기댈 곳도 없다. 부모님 모두 다 '화무십일홍' 따라 구천에 드신 지도 어언 반세기에 이른다. 아버지의 빈자리에 내가 서 있다. 그래서 아버지는 나에게 그토록 '화무십일홍'을 가르쳐 주셨을 것이다. 살아온 세월이 얼마인가? 또 살아가야 할 세월은 얼마나 될까. 아버지의 말씀 '화무십일홍'을 또 한 번 되뇌어본다.

(2009. 10.)

인생 떨켜

나무들은 가을이 저물 때쯤이면 스스로 잎을 떨쳐낸다. 대승적 삶을 지켜내기 위해 스스로가 작은 삶을 버리는 냉철한 현상이다. 내년에 새로 피어날 것을 약속하고 가장 눈부시게 치장시켜 잎을 떨어내는 가을 나무의 지혜는 숙연하고 엄숙하다. 하늬바람 스치는 늦가을 석양 길에 하염없이 뿌려대는 곱디고운 낙엽을 밟으며 오솔길을 걷노라면 삶에 대한 숱한 사념들이 스친다.

뿌리는 물을 빨아올리고 잎은 양분을 만들며 서로가 동화작용으로 한 몸 되어 자라던 잎과 줄기다. 잎 없이 줄기만 존재할 수 없고, 줄기 없이 잎만 존재할 수 없는 것이 나무의 생태다. 그러나 월동(越冬)을 앞둔 늦가을 어느 날 줄기와 잎은 결별을 한다. 나무가 겨울을 살기 위해 가지마다 붙어있는 잎 꼭지에 '떨켜'라는 특수 세포막을 만들어 잎에 공급되는 수분을 끊기 시작한다.

나뭇잎들은 갈증을 견디다 못해 형형색색의 단풍이란 이름표를 달고 낙엽 되어 마지막 운명을 맞는다. 언뜻 보아 비정하지만 영생을 위한 나무의 대승적 지혜다. 올해도 벌써 11월로 접어들면서 산야가 온통 단풍으로 천자만홍(千紫萬紅)이다. 잎과 줄기가 헤어지는 나무들의 이별잔치다. 여름동안 열매도 만들고 나이테도 만들면서 몸통도 키웠건만 겨울 되자 나무는 잎을 떨쳐내고 가지와 줄기만 남는다.

인생도 '떨켜'를 만들기는 마찬가지다. 그러나 사람은 부모가 낙엽 되고 자식들이 몸통 된다. 자식들에게 몸통을 물려주고 부모들은 낙엽처럼 세상을 떠나게 된다. 자립할 수 있을 때까지 온갖 정성을 다해 자식들에게 몸통의 역할을 전수시킨 후 부모는 죽는다.

유년기, 소년기, 사춘기, 청년기, 장년기, 노년기에 이르는 삶의 과정 모두가 '떨켜'를 만드는 절차였다. 나는 지금까지 어느 정도의 '떨켜'에 매달려 있는가. 정성을 쏟아 길러온 내 자식들은 몸통으로 부족함이 없는가. 어느 날부터인가. 아버지 자리에 내가 앉아있고, 내 자리에는 아들이 앉아 있으며, 또 아들 자리에는 손자가 대물려 자리 잡고 있다.

인생 '떨켜'가 만들어지는 과정이다. 나무줄기처럼 점점 커져가는 가문의 계보(系譜)를 이루며 후세들과 몸통의 자리를 대물림하고 있다. 순리 따라 한 세대(世代)씩 밀려나는 것이 바로 '떨켜'

를 만들어가는 순서다.

나무의 '떨켜'는 해마다 반복되지만 인생 '떨켜'는 세대차이로 반복된다. 내 인생의 '떨켜'도 마무리단계에 이르렀다. 이젠 생업의 일선에서 밀려나 의무도 책임도 없다. 육체적 정신적으로도 아랫세대들에게 넘겨줬다. 이젠 사지육신 마디마디에서 세월의 소리가 들린다. 내 스스로가 내 육신 관리도 짐이 된다.

조선조 후기 문신(文臣) 여선덕(呂善德)은 인생 '떨켜' 과정을 목형, 이형, 치형, 각형, 궁형 등 5가지 형벌(刑罰))로 비유했다. 눈은 흐려져서 글도 못 읽으니 목형(目刑)이고, 이가 빠져서 음식 먹기도 어려우니 치형(齒刑)이라 했다. 또 귀가 어두워 언어소통이 불가능해지니 이형(耳刑)이라 했고, 다리가 약해져 걸을 수 없으니 각형(脚刑)이라 했으며, 여색을 보고도 아무런 일렁임이 없으니 궁형(宮刑)이라 일컬었다.

인생의 말년을 형벌로 한탄한 것이다. 어느 누가 아니라고 부정하고 반론을 제기하랴. 나뭇가지를 휘어잡아 단풍잎 떨어져 나간 자국을 유심히 살펴본다. 내년 봄에 다시 더 아름다운 모습으로 소생할 새싹의 눈들이 이미 보풀보풀 맺혀있다. 식물은 1년마다 '떨켜' 만들기를 반복하지만, 인생 '떨켜'는 일생에 한번이다.

인생은 한번 떨어지면 자국도 없다. 죽으면 영영 끝이다. 하나의 생명으로 한번만 살다가는 게 인생이다. 다만 역사기록만 '떨켜' 자국으로 남겨놓을 뿐이다. 그래서 사람들은 이름 하나 남기려고 아귀다툼을 한다. 말없는 그림자 하나 데리고 낙엽 내리는 석양 길에서 서성이는 오늘의 내 모습 또한 '떨켜'를 만드는 과정이다.

(2015. 10. 24)

제2부

존재(存在)와 부재(不在)

아직도 나를 찾는 나

아무것도 보이지 않고, 가는 곳도 알 수 없다. 내 좌표를 나도 모른다. 어디로 가는지, 얼마만큼 가야 하는지 이정표도 없다. 날마다 낯선 길…, 이게 바로 오늘 나의 삶이다. 함께 가는 일행은 많아도 언제나 나 혼자다. 어떤 때는 초조하고 어떤 때는 불안하다. 이게 바로 내가 헤매고 있는 나의 문학이다.

그토록 갈구하면서도 내 사유(思惟)의 깊이를 내가 모른다. 내 몸속에 담고 있으면서도 어느 생각, 어느 감성이 어디에 얼마만큼 담겼는지 나도 알 수 없다. 서정어린 문장 하나를 찾기 위해 글자판 앞에 앉아 삼경을 헤매기 얼마이던가. 내가 찾고자 하는 그 절실한 소망은 항상 갈증뿐이다. 나의 삶에서 나의 문학은 영원히 화두에 머물고 있는가.

어느 때는 갈증이 갈등으로 쌓인다. 또 어느 때는 희망이 절망으로 변하기도 한다. 가끔은 신열이 등줄기를 타고 진땀처럼 흘러

내린다. 무모한 도전임을 뉘우칠 때도 있다. 그러나 이제는 후회해도 소용없고 후퇴할 수도 없다. 살아온 날과 살아갈 날을 셈해본다. 다시 선택할 길이 별로 없다는 계산이다.

나의 문학은 이토록 무모하게 시작됐다. 나이테 50을 훨씬 넘겨 등단했으니, 이 무슨 천격인가. 사실 내가 글쓰기에 뛰어든 것은 이미 20대 후반부터다. 그것도 생업으로 시작해서 퇴직할 때까지 30여 년간 글 쓰는 직업으로 먹고살았다. 날마다 현장중심의 사실 내용만 육하원칙대로 써내는 건조한 신문기자의 글이었지만….

퇴직 후 수필의 길로 뛰어든 것도 전직과 무관치 않다는 생각 때문이었다. 문학이 무엇인지도 모르면서 비슷하겠지…, 조금만 훈련하면 되겠지…, 막연한 착각으로 유영했다. 때로는 유사한 직종이라고 오판도 하고, '그까짓 것' 자만도 했다. 서정과 감성을 동반하는 문학적 표현의 엄청난 차이를 까맣게 몰랐다.

"무식이 용감하다"는 격언은 바로 나를 가리키는 말 같다. 무모하고 무엄한 철부지가 감히 지엄하고 지고한 문학에게 같이 놀자고 덤벼든 것이다. 문학이 코웃음 쳤을 것이다. 내가 돌아보아도 오만이었다. 그래도 문학은 아무 말 없이 문을 열어주었다. 마치 가당치않게 떼쓰는 애들에게 사랑으로 보듬어주는 어른들의 포용처럼….

그러나 나도 모르게 불안이 도사리기 시작했다. 등단만으로는 문학의 길에 오른 것이 아님을 깨닫게 됐다. 글쓰기에 대한 공포심이 생기기 시작한 것은 바로 이때부터다. 글 쓴다는 게 얼마나 고역인가도 통감했다. 무모한 도전자에게 왜 침묵으로 문을 열어 주었는지 문학의 진실이 조금씩 보였다. 문학은 향정신성 마약중독현상과도 비슷하다.

파고 또 파도 끝이 없는 땅파기 같다. 고역임을 수없이 통감하면서도 글쓰기 영역을 선뜻 벗어날 수가 없다. 비단 나뿐이 아닌 것 같다. 대부분 한번 빠지면 그 길에서 쉽게 헤어나지 못한다. 마음 하나 바꾸면 해방인데도 허구한 날 자승자박이다. 출구 없는 절벽 속에서 자폐증환자처럼 날마다 하늘만 쳐다보고 몸부림치는 격이다.

그런 세월이 어느새 20년이 지났다. 1994년에 등단했으니 웬만하면 깨우치고 터득할 세월이 흘렀건만, 그 하나를 찾아 방황하는 내 모습은 항상 초라하다. 감성도 굳어지고 서정도 메말랐으니 구제불능인가. 깨어진 유리조각도 때로는 빤짝거리는 빛을 내건만…. 발상의 전환도 꿈꾸지만 계속 미로에서 맴돈다.

지금 내 글의 형식도, 바탕도 오랜 생업에서 몸 밴 인습임을 부정할 수 없다. 내 수필은 때 지난 '토종수필'이다. 누구는 '관념수필'이라고도 지적한다. 피자시대에 어울리지 않는 쑥개떡시대 글맛이다. 형식조차 아날로그시대다. 허물벗기엔 인생이 너무 낡았고, 디지털시대 진입은 너무 늦었다. 문학이란 영토가 계속 갈등의 땅이다.

그래서인가. 내 문장은 언제나 영양실조다. 감성이 까칠하게 야위어 좋은 문우들과 어울림을 잃은 채 혼자서 서걱대고 있다. 분자와 분자끼리 상생이 없으니 윤기가 없다. 서정 결핍증이다. 어느 평론가는 "문학카페에서 철학읽기"라고 편달했다. 호된 매지만 부정할 도리가 없다. 지금까지도 '수필집'이란 이름이 부끄럽다.

무심한 쇳덩어리도 두드리면 제소리를 내건만, 내 글에는 내 소리가 없으니 안타깝다. 옛말에 "서당 개 3년이면 풍월을 읊는다."고 했던가. 마부작침(磨斧作針)은 녹슨 옛말인가. 얼마를 더 문지르고 닦아야 내 글에서 나의 냄새가 풍겨날 수 있을까?

생각이 무디니 "나를 쓰시오" 하고 달려드는 글감도 없다. 어쩌다 만나는 글감마저도 막상 쓰려고 하면 바로 속내를 감춘다. 상상력이나 언어들도 덩달아 도망간다. 맨가슴 드러낸 채 텅 빈 들판에 혼자 서있는 허수아비다.

나는 오늘도 "내 글은 바로 나다"를 다짐만 한다. 내가 쓰는 글은 반드시 내 맛을 내야 한다. 비록 하나를 찾는 방황일지라도 존재론적 이유가 퇴색해가는 말년의 무료함에 의존할 수만은 없다. 오기를 다시 곧추세운다. 서슬 세워 각오를 다시 벼린다. 문장의 연금술, 그 하나를 찾기 위해 쉼 없이 풀무질을 해야 한다. 언제까지일지는 나도 모른다. 아직도 나를 찾는 나….

(2008. 1.)

천리 길 흘러온 강물

비릿한 갯바람 코끝에 진하고, 갈매기 떼 허기진 가락이 밀물을 재촉하는 오후시간이다. 번들거리는 알몸 드러낸 채 길게 누웠던 시커먼 갯벌 덮어가며 둑 밑까지 차오른 서해 바닷물이 천릿길 흘러드는 금강(錦江) 물을 마중하고 있다. 민물과 짠물이 서로 만나 몸을 섞는 곳, 시작인가. 끝인가…. 자연의 섭리는 신비일 뿐이다.

대서(大暑)의 노기(怒氣)까지 이글대는 7월의 넷째 주, 친구 따라 예정 없이 찾아간 금강하구 둑에서 내려다보는 강물과 바닷물의 합수(合水) 풍경은 자못 사색을 유혹한다. 흔들리기조차도 귀찮은 듯, 폐선의 낡은 깃발이 가끔씩 흐느적대는 포구 변두리 허름한 횟집에 자리 잡는다. 천막지붕의 후끈한 복사열이 땀 밴 등짝 타고 흘러내려 불쾌지수까지 끈적대지만, 그래도 일상을 벗어난 해방감이기에 토막 난 전어 몇 마리가 시장기 겹친 소주잔마다 감칠맛을 더해준다.

굽이굽이 흘러온 성취감의 안도일까. 더 갈 곳 없는 마지막의 절망일까. 아니면 유한의 시공을 벗어나 무한의 시공으로 드는 새로운 경지의 시작일까. 구름끼리 만나도 번갯불 번쩍대며 뇌성벽력 쳐대기 일쑤이건만, 강물과 바다가 합쳐지는 우주의 향연치고는 너무도 조용하고 경건하다.

많은 세월을 살아왔지만 바닷물과 강물이 만나 몸을 섞는 신비의 현장을 체험하기는 처음이다. 섞인다는 것은 화합이 아닌가. 새로움을 창조하는 상생의 일치다. 일생을 오로지 흐름으로만 살아온 금강으로선 마지막이고, 멈추고 정지된 채 염장(鹽藏)으로 영생해야 될 바닷물로선 새로운 시작이다.

부처님을 만나기 위한 수도승의 길고도 먼 수행 길 같은 강물의 여정…. 숱한 역경의 곡절을 겪어내며 바다만을 향해 치열하게 흘러온 길고도 먼 길, 높은 자리도 싫고 앞지르기도 거부한 채 조금도 야합하거나 역행함 없이 오로지 낮은 곳만을 향해 굽이굽이 흘러온 겸손과 순리, 파란만장한 그 물길은 천로역정(天路歷程)….

어찌 우리들의 일생과 무관타 하랴. 당신은 태어나서 지금까지 살아온 길 되돌아본 적 있는가. 무상한 희로애락 굽이굽이 넘고 돌아 오늘에 이른 게 우리가 아니던가. 인생은 죽음 찾아 흐르고, 강물은 바다 찾아 흐름이 본성이다. 막히면 넘어야 하고, 절벽에

선 곤두박질도 쳐야 한다. 갈리고 찢기면 다시 모여질 때까지 기다려야 하고, 폐수 독극물에 오염되면 사경을 헤매면서도 흘러야 한다.

아무리 고난과 역경이 닥치더라도 오매불망 본성의 끈을 잡고 존재의 흥망을 향해 강물은 바다로 흘러야만 한다. 바다에 이르면 흐름도 멈춘다. 바다는 가물어도 마르지 않고, 홍수가 져도 넘침이 없다. 생사를 포용하고, 선악을 포용하고, 애증을 포용하고, 세상만사 모두 포용하면서도 바다는 흐름을 허용하지 않는다. 무한의 곳이고 영원의 곳이다.

바닷물은 자전과 공전으로 밀물과 썰물을 반복하며 해(日)와 달(月)의 성리학적 차원을 넘나든다. 바다에 들어온 강물은 더 이상 흐름을 멈추지만, 그 이름은 온갖 생명의 원천을 머금은 구름이 되어 비로 내릴 것을 기약한다. 강물이 조금도 서성거림 없이 태연하고 유유하게 바다로 들어가는 이유다.

금강(錦江)은 전북 장수군의 어느 산골 뜸봉샘에서 시작된다. 작은 도랑과 개울로 흘러내려 내를 이루고 강을 이루며 군계(郡界) 도계(道界)를 지나 굽이굽이 낯선 산하 천릿길을 달려 서해 바다에서 마지막을 묻는다. 생각해보면 흐름의 순리가 처연하다. 불현듯 내 인생의 끝자락이 환영(幻影)되어 아련하게 다가선다.

걷고 달리고 넘어지고 일어서기를 반복하면서 평생을 세상사에 부닥치며 쉼 없이 살아왔건만, 이제는 더 갈 곳 없는 서해바닷가 목로주점에 앉아 턱없는 너스레나 지절대고 있으니 흘러온 강물과 무엇이 다른가. 자신의 생애를 아무 불평 없이 바다에 바치는 강물의 진리에서 나는 오늘 무엇을 깨닫는가. 나는 오늘 강물의 마지막을 보았다. 시작은 끝이고, 또 끝은 다시 시작의 원점이 되는 윤회의 원리도 깨달았다. 왜 이 세상에 신앙이 존재해야 하는지도 어렴풋이 떠오른다.

무상한 변천을 증거하듯, 멀리 대안(對岸)에서 연기 멎은 장항제련소 굴뚝이 우두커니 나를 쳐다보고 있다. 한때 금(金), 은(銀), 동(銅) 고급 금속재를 생산해내면서 황금만능시대를 선도하던 굴지의 산업시설도 이젠 시대에서 밀려난 초췌한 허상뿐이다. 다하면 끝이고, 끝나면 사라져야 하는 게 존재의 이치가 아니던가.

금강은 화려했던 백제 역사의 시발점이다. 낙화암에서 몸을 날렸던 3천 궁녀의 애달픈 원혼들이 아직도 백마강의 역사를 벗어나지 못한 채, 소정방이 넘나들던 금강 뱃길에서 망국의 한을 흐느끼고 있다. 의자왕이 당나라로 끌려가던 길도 금강이고, 백제, 신라, 고구려가 서로 뺏고 빼앗기면서 오랜 세월 창검을 겨누고 싸워온 전장도 금강이다.

강물이 바다로 들어가면서 스스로 짜디짠 염분으로 절여지는 까닭도 동반한 역사의 줄거리들을 영원히 썩지 않도록 염장해두기 위함이 아닌가 싶다. 강물은 흐르다 멈추면 썩어도 바닷물은 억겁을 머물러도 썩지 않는다. 드넓은 하늘처럼 바다는 영원히 푸르다. 아마도 다시 흐르고 싶은 강물의 염원이 배었을지도 모른다. 구름으로 승화해서 비로 내려와 다시 강물 되어 흐르고 싶은 윤회의 염원인지도 모른다.

부질없는 욕망의 끈에 매달려 영원히 살기를 기구하지만 어느 날이면 흙 속으로 들어야 하는 유한의 인생. 궂은 심사 모두 접어 안고 바다로 들어가는 강물이듯, 우리도 쉼 없이 다가오는 미래의 끝을 생각해야 한다. 강물의 끝, 바다의 시작, 바로 우리들 인생의 윤회가 아니던가.

(2009. 7.)

가을엔 이별도 준비해야 한다

삽상한 바람이 성큼 다가선다. 처서가 지나자 계절이 민감하게 바뀌고 있다. 산하를 덮었던 짙푸른 녹음이 밤새 신열을 앓고 난 여인의 얼굴처럼 수척해졌다. 지칠 줄 모르던 태양의 정염도 세월의 순리 앞에선 어쩔 수 없나. 아스팔트까지 물렁대도록 작열하던 더위도 별수 없이 한풀 꺾였으니 말이다.

포도 위엔 병든 가로수 낙엽들이 때 이르게 어지럽다. 삶을 다하지 못한 채 요절하는 인생들을 연상케 한다. 앞산 능선타고 앉아 마냥 게으름만 피우던 늦여름 뭉게구름도 화들짝 놀란 듯 구만리장천으로 달아났다. 누가 세월을 무상타고 했던가….

허공엔 빨간 고추잠자리 가볍게 맴돌고, 긴 목 뽑아 하늘대는 코스모스 길섶마다엔 익어가는 가을빛이 풍요롭다. 누가 심었나. 산기슭 양지쪽 언덕 풀밭엔 살찐 배통 누렇게 드러낸 채 누워있는 호박들이 만고강산 평화롭다. 청량한 바람, 해맑은 창공, 어느 것 하나도 그냥 스쳐버리기 아까운 소중한 자연의 진실이다.

세월은 이토록 가을을 몰고 와 내 곁으로 다가서고 있다. “더도 말고 덜도 말고 한가위만 같아라.”는 중추(中秋)가절을 앞두고 오곡백과 여무는 풍광이 넉넉하다. 내가 이 세상에 태어나서 몇 번째 맞는 가을이던가, 왠지 올(2015) 가을은 감회가 더욱 깊다. 어김없이 산하의 변화를 가져오는 자연의 이치가 지난해 가을보다도 유별나게 느껴진다. 내 심신의 변화 때문인가.

그래서 예부터 가을은 숱한 시화문장(詩畵文章)으로 남았나보다. 무디기 짝이 없는 내 마음까지도 가을만 되면 온갖 상념들이 수없이 다가선다. 공원 산 오솔길을 혼자 걷노라면 여름에 듣지 못하던 이름 모를 풀벌레소리들이 애절하다. 그래서 상념은 아득한 세월로 달려가 추억이란 놈을 끌고 오게 마련인가.

초승달빛 흘기고 지나는 어느 날은 거실 창가에 앉아 오징어다리 하나 씹으며 소주잔도 홀짝 대본다. 살아온 세월도 꼽아보고, 또 살아가야 할 세월도 헤아려 본다. 허무한 사유들이 강물처럼 흐른다. 가을은 결실의 계절이라지만 내 손에 잡혀드는 것은 아무것도 없다. 온 힘을 쏟아 아등바등 살아온 결과가 백발인가.

붙잡아보려고, 놓치지 않으려고 억척으로 발버둥쳐 온 재물과 권력, 명예를 향한 욕심들이 얼마나 부질없는 짓이었나. 상실감만 커지는 것은 가을 때문인가? 아니면 나이 때문인가? 사소한 인연 하나 뿌리치지 못해 사바중생의 범주에서 맴도는 졸부임에 어쩌랴. 산사 문필가 법정(法頂)은 일찍이 "텅 빈 충만"을 글로 남겼다.

모든 욕심 다 비우고 텅 빈 마음일 때가 가장 충만함을 깨닫는다고 했다. 아무나 할 수 있는 쉬운 말이 아니다. 깨달음의 과녁을 통과한 도승(道僧)만의 선답(禪答)이다. 수양 부족한 범부중생들에겐 속절없는 역설일 뿐이다. 남들의 가슴을 울렁대게 할 문장 한 구절 거두어들일 것 없는 이 가을이 부끄럽다.

소낙비 쏟아지던 여름날 청개구리 울어대던 오동나무 병든 이파리가 일찍부터 뚝뚝 떨어져 내리는 처연한 낙엽들을 쳐다보노라면 또 한 가닥의 감회가 엄습한다. 마치 "그동안 너는 어디서 무얼 하고 살았느냐"는 설문 엽서를 받는 것 같다. "이렇게 살아왔다"고 대답할 증거가 아무것도 없다.

"어디서 왔다가 어디로 가느냐."는 유행가사 한 구절 같은 물음이지만 가는 세월은 대답조차 없다. "눈을 감아라. 그리고 생각하라. 그러면 너는 볼 것이다" 어느 철인의 명언이 새롭다. 가을은 사색의 계절임에 분명하다. 놓쳐버린 세월도 생각해보고, 다가올 세월도 생각해보자. 그리고 잊었던 사람도 다시 생각해보자.

비록 보잘것없이 살아왔지만, 살아온 길을 되돌아보는 것도 삶의 지혜라고 했다. 지금 우리 주변엔 자기 자신조차 잊고 사는 '자기상실증' 환자들이 '가을 병' 환자들 못지않게 많다. 이름 좋은 햇볕정책 후유증으로 푸른빛은 말라가고 붉은 이념의 패거리들이 선혈 빛 깃발 휘두르며 툭하면 시가지를 휩쓸고 있는 게 오늘의 불안한 현실이다.

양심의 소리들은 날마다 봇물처럼 들려오건만, 진정한 양심과 정의는 점점 메마르고 있다. 개혁은 날마다 떠들어도 개혁이 실천되는 곳은 볼 수 없다. 원인은 모두 너나 없는 위선 때문이다. 종교도 학문도 위선이 판을 치고 있다. 평화와 정의로 위장한 무명의 집단들이 넘치고 있다. 배부른 허상들의 외침인가.

낙엽 되어 죽음으로 돌아가는 세월의 허무를 모르고 있다. 가을은 내년에도 찾아오지만, 내가 사는 세월과 내가 사는 오늘은 두 번 다시 찾아오지 않는다. 겸허한 마음으로, 진실한 마음으로 가을엔 이별도 준비해야 한다.

(2015. 9. 24)

장승(長丞)의 염원

곧게 뚫린 신작로를 제쳐두고 풀숲 우거진 옛길을 택한다. 다니는 사람 없어 초입부터 잡초가 무성하다. 산짐승 한두 마리쯤 뛰쳐나올 것 같은 험한 숲길 헤치고 고갯마루에 이르자 풀숲에 초췌하게 서있는 장승 부부가 나그네 일행을 시무룩하게 맞는다. 푸석해진 몸체엔 고독으로 피어난 듯, 푸른 이끼자국 군데군데 검버섯처럼 얼룩이 졌다.

언제부터 서있는 장승일까. 당당하던 위풍은 잃었지만, 그래도 그 이름은 아직도 '천하대장군', '천하여장군'이다. 텅 빈 아랫마을의 무고안녕을 지키던 수호신이었던가보다. 가을빛 깊어진 나뭇가지 사이로 아래 동네풍경을 내려다본다. 풍광은 평화롭건만, 오가는 인적 없어 텅 빈 마을의 옛터엔 감도는 서정만 아련하다.

곱게 물든 단풍 빛이 장승 부부에게는 오히려 민망하다. 어디선가 바람결에 여울져오는 산비둘기 울음소리가 세태에 소외된 장승의 넋두리처럼 고적함을 부추긴다. 오래된 장승일수록 영험도 크다던데…. "수호신(神)으로 추앙받던 장승도 별수 없이 늙었구려," 배낭 짊어진 채 맞은편 바윗돌에 걸터앉아 내 심사(心思)까지 보태어 장승 앞에 독백 한 줌 뿌려본다.

나도 옛날엔 젊고 패기가 있었는데…, 나이 들어 은퇴한 오늘의 내 신세가 정수리를 친다. 세상의 어느 존재가 주는 듯 빼앗아가는 세월의 이치를 거역한단 말인가. 인적 끊겨 바람소리만 스산한 산길에 외롭게 서있는 천하대장군, 천하여장군…, 허튼 푸념이나 두런대는 내 모습과 무엇이 다를까.

변화무상한 풍상에 오랜 세월 부대끼노라면 세상에 어느 존재인들 온전할까. 더구나 생사를 넘나드는 인간들의 사연 많은 애환을 다독이면서, 한 마을의 무고안녕을 지켜야 하는 장승의 속마음인들 오죽했을까. 혼란으로 소용돌이치던 해방의 역사, 살육으로 처참했던 6·25전쟁의 역사, 그리고 상전벽해나 다름없는 문명의 발전역사까지, 영일(寧日)없이 소용돌이친 세태변천의 풍파를 겪어낸 장승 부부….

예부터 장승은 마음과 마음을 잇는 착한 인심소통의 가교역할도 했고. 선한 사람 복을 주고, 악한 사람 징벌하는 권선징악(勸善懲惡)의 표상이 되기도 하면서, 삶의 굽이마다 약한 민초들의 염원을 보호하는 정신적 지주이기도 했다.

왕방울처럼 부리부리한 두 눈으로 세상사 굽어보면서도 못 본

체 해야 하는 장승의 도량을 누가 헤아릴까. 허구 많은 사연 가슴에 담고도 큰 입으로 말 못하는 사정은 얼마나 될까. 자글대는 아비규환, 처절한 절규, 듣고도 못들은 체해야 하는 큰 귀, 이 모두가 세상의 무고태평을 보듬어야 하는 장승만의 운명이던가.

아무리 신(神)의 계율이라도 태우고 상하고 썩혀낸 민초중생들의 애간장 모두 보듬어 묵언참선으로 삼키자니 어찌 늙어짐인들 없을까. 세파풍상에 닳고 깎이어 그토록 뚜렷하던 이목구비조차 희미해졌구려. 근엄하던 '천하대장군' '천하여장군'의 이름표마저 뿌옇게 퇴색됐으니, 무심한 세태에 서운함인들 오죽할까.

인고의 세월을 오로지 잡신(雜神) 악귀(惡鬼)와 싸우며 오늘의 문명과 풍요를 이루어 내는데 정신적 투사되어 보이지 않게 일조를 했건만, 교활해진 인간들의 배신 앞에서 장승인들 어찌 마음이 편안할까….

미물(微物) 같은 나그네 면구스럽게도 늙은 장승 부부 앞에 감히 독대하는 양 합장을 하고 조용히 다가서 본다. 철없는 내 행동이 가상했던지 늙은 장승 부부는 표정이 자비스러워지면서 오랜만에 찾아간 손자 대하듯 자상스럽게도 무언의 대화를 펼친다. 가시덤불 속에 수북하게 쌓인 서낭당 돌더미 자갈 하나 하나마다 이 길을 넘나든 수많은 선인들의 애환과 염원이 오늘을 이룩했다고 가르쳐준다.

어릴 적 어머니 장에 가시던 모습이 환영(幻影)되어 떠오른다.

앞산 서낭당 길엔 장승이 서있었다. 어머니는 고갯길 초입에서부터 돌멩이 하나 주워들고 올라가 주술처럼 두런대며 서낭당 장승 앞에 던져놓고 가셨다. 집안에 찾아올지도 모를 액운 막아달라는 소원이었을 게다. 그토록 간절하던 어머님 소원, 이제야 법열(法悅) 한 가닥 되어 혈관 타고 흐른다.

장승은 한 번도 말한 적이 없다. 변해버린 세태에 서운한 속내도 비친 적 없다. 악신(惡神)들을 감시하고, 싸우면서도 장승 부부는 절대로 감성(感性)을 드러내지 않는다. 그러나 심장의 박동소리가 없다고 장승이 죽은 것은 아니다. 천심과 영험은 살아있다. 언제인지는 알 수 없지만 세워진 날부터 지금까지 장승은 마을의 무고안녕을 지키고 서있을 뿐이다. 나한(癩漢)처럼 험상궂은 인상만으로도 잡기(雜鬼)나 액운(厄運) 따위는 범접할 수가 없다.

인간들 삶에는 항상 염원이 따른다. 부귀공명, 무사안녕, 모두가 염원이기에 장승에게 빌고 또 빌었다. 어찌 그뿐이던가. 마음이 넓고 깊어져 흔들림 없게 해달라고도 빌었고, 무거운 일, 어두운 일 헤쳐 나갈 수 있도록 해달라고도 빌었다.

때문에 옛날에는 장승 앞에 주과포, 떡시루까지 바치던 후덕한 인심도 즐비했고, 형형색색 비단 띠 두르고 바람에 펄럭이던 호사도 있었다. 그러나 문명의 세태는 믿음까지도 바뀌었다. 장승에게 빌면 이루어질 것이란 믿음도 옛말이 됐다. 사람냄새가 풍기던 순박한 정서는 아예 사라졌다.

어찌 칠갑산 기슭 퇴락한 산골마을에서 홀대받고 서있는 장승뿐이랴. 이젠 장승들의 사명과 역할도 얄팍한 상혼과 어울려 관광지 돈벌이용 구경거리로 전락했다. 문명과 풍요가 배부르고 등 따습게는 만들었지만, 인간들의 순후했던 정신세계를 교활하고 각박하게 전환시킨 역기능도 크다. 무고안녕을 지키던 장승의 염원은 이제 끝났는가.

(2012. 10.)

바람인가 세월인가

세상에는 없어도 있고, 있어도 없는 존재가 있다. 바람이고, 세월이다. 바람은 형체와 색상이 없으니 만질 수도 없고 볼 수도 없다, 하지만 누구도 그 존재를 부정하거나 거부할 수가 없다. 짙푸른 여름 들판에 초록 파도 일렁일 때면 넓은 광야에서도 바람의 존재는 분명하다. 고즈넉한 산사 처마 끝에 매달려 댕그랑대는 풍경소리도 바람의 존재다. 또 무당집 문간 장대 끝에 매달려 팔랑대는 초혼의 깃발도 영역 없이 넘나드는 바람의 존재다.

어찌 바람뿐이랴. 우리 삶을 관통하는 세월 또한 다를 바 없다. 누구라서 세월의 형체를 알고, 보았다더냐. 솔로몬의 부귀영화도, 진시황의 천하권력도, 불가능은 없다던 나폴레옹도 세월만은 어쩌지 못했다. 가는 세월 잡지 못했고, 오는 세월 막지도 못했다. 실체를 드러내진 않지만 그 흐름은 반드시 흔적을 남긴다. 봄, 여름, 가을, 겨울 모두가 부정할 수 없는 세월의 흔적이다.

내 인생을 생각해본다. 유년기, 청년기, 장년기의 굴곡을 거쳐 어느덧 노년기에 접어들었다. 그러나 세월은 없는 듯 조용하다. 어느 날 거울 앞에 서면 내 얼굴에서 세월의 흔적을 발견한다. 화들짝 놀라지만 이미 내 인생은 지나갔다. 손자 손녀가 성장해서 어느새 어린 티 벗고 내 마음의 중심에 버팀목이 되었다. 부모님 떠나신 자리에 내가 앉아 아버지로서, 할아버지로서 대물림하고 있으니, 이 또한 세월의 흔적이 아니던가.

바람과 세월, 누가 나에게 보내는 것도 아니다. 어디서 오는지도 모르고, 어디로 가는지도 알 수 없다. 바람과 세월은 내 것도 아니고, 또 네 것도 아니다. 모두의 소유고, 모두의 무소유다. 영악스런 인간들이 영원한 세월을 시, 분, 초(時分秒) 단위로 토막내어 1년, 2년을 다툼질하고 있을 뿐이다. ≪무소유≫란 책을 내어 중생들에게 비움의 사상을 한 차원 승화시켰던 승방의 문장가 법정(法頂) 스님의 세월 얘기가 선뜻 다가선다.

삶의 도정(道程)을 엮어낸 법정의 글은 바람과 세월의 동질성을 더욱 진하게 해준다. "숲을 스치고 지나는 바람소리…. 시장기를 느끼게 하는 저 바람소리에 귀를 기울이고 있으면, 때로는 사는 일이 허허롭게 느껴져 훌쩍 어디론가 떠나고 싶은 충동이 인다." 고 했다. 이제 그는 그렇게 어디론가 훌쩍 떠났지만, 세월과 바람의 존재를 더욱 깨우치게 한다. 읽은 지가 꽤 오래 됐지만, 물 마른 개울에 얼룩이 진 이끼자국처럼 쉽게 지워지질 않는 문장이다.

세월은 벌써 올해도 9월이다. "더도 말고 덜도 말라"지만, 달리는 세월은 아랑곳없이 또 한 해의 중추가절을 몰고 왔다. 나도 이제 세월 앞에 주눅이 드는가. 한풀 꺾인 더위가 지나면서 서늘하게 스치는 소슬바람이 가슴으로 파고든다. 새벽 운동길 호남선 철길 따라 이어진 이면도로를 걷노라면 구석진 시멘트 담장 밑 풀 섶에서 세월을 읊어대는 풀벌레들의 애절한 가락들이 만감의 사색을 몰고 온다.

이 세상에서 가장 옛것이라면 바람과 세월뿐이 아닌가. 무량겁(無量劫)을 두고 흘러 다니는 바람, 순간도 쉬지 않고 흐름으로 존재하는 세월…. 시작의 연원은 언제부터고, 그 종말은 언제쯤일까. 풀릴 수 없는 해답은 영원뿐이다. 가장 새로운 것 또한 바람과 세월뿐이다. 언제나 새롭다. 굳이 새로울 것도 없지만, 미래는 언제나 누구도 알지 못하는 새로운 세월이고, 새로운 바람이다.

바람과 삶, 세월과 인생은 어떤 설명으로도 동질의 개념을 벗어날 수가 없다. 불가에서 이르는 인간무상의 근원이 바로 바람과 세월이 아니던가. 바람이 멈추고, 세월이 멈추면 당연히 우리의 삶도 멈추게 된다. 누구에게나 삶의 시작은 탄생이고, 삶의 끝은 죽음이다. 탄생도, 죽음도 결국은 바람과 세월이다. 어느 철학자는 "인간 삶의 8할이 바람"이라고 했다. 생각해보면 바람 잘날 없는 게 삶이다. 바람 속에서 세월도 간다.

바람은 어떤 형태로든 소리 내며 흐른다. 그러나 세월은 조용히 흐른다. 조용한 침묵은 두려움이 따른다. 미래는 누구도 모른다. 한 치 앞을 알 수 없으니 두려움은 당연하다. 사랑도 있고, 증오도 있지만 세월은 모든 인연 무관한 채 일체 침묵이다. 철저하게 미래로 향하는 원칙뿐이다. 그래서 우리는 희망이라고 이른다. 내 인생도 어릴 때부터 한 발짝도 후퇴 없이 세월 따라 미래로만 달려온 게 바로 오늘, 이 순간이다.

삶을 지배하는 바람과 세월은 냉엄하다. 조금도 어긋남이 없고, 순간도 지체함이 없다. 세월은 항상 청춘도 아니고 노년도 아니다. 희로애락 넘나들며 바람처럼 스쳐가고, 세월처럼 변해간다. 세월이 흐르는 소리가 바람이고, 바람이 흐르는 소리가 세월이다. "탄생이란 하늘에 구름 한 조각 생겨나는 것이고, 죽음이란 구름 한 조각 흩어지는 것"이라고 했다.

구름이 모여들고 흩어짐은 모두 바람의 영향이듯, 우리가 태어나고 죽는 것도 가고 오는 세월의 영향이다. 지금 나는 어느 바람에 서있고, 또 어느 세월에 서있는가. 날마다 자기 성찰이 필요한 이유다. 성찰 없이는 깨달음도 없고, 인생 삶의 가치도 없다. 가파른 고갯길에서 만나는 바람소리는 세월의 한숨소리다. 아니, 희로애락 짊어지고 가는 인생의 한숨 소리다.

(2009. 10.)

영원의 미소

오전엔 모교 동창회에 참석하고, 오후엔 용현계곡 마애삼존불을 답사하는 일정이다. 오랜만에 옛날 친구들도 만나고, 또 백제 불교문화유적인 마애삼존불상도 만난다니 호사가 겹치는 날이다. 아카시아 꽃향기 싱그럽던 5월 중순, 이름만 들어도 설레는 감회 하나 가슴에 담고 아침 일찍부터 서둘러 대전~서산 고속도로를 달린다.

시공을 넘고 넘어 무상하게 흘러버린 역사의 사연도 줍고, 어느덧 빼앗긴 청춘의 편린들도 쓸어 담아올 양, 들뜬 마음은 꼭 어렸을 때 소풍가는 기분이다. 신록 가득한 세상이 너울너울 춤추듯 차창을 스치는 산하의 풍경마저 얼씨구 신이 났다.

싱그러운 5월의 신록은 4월의 요염한 꽃 세상보다도 청순한 아름다움을 지녔다. 잠시 들른 휴게소의 커피 한 잔은 맛보다 기쁨이 더하고, 함께하는 일행들의 들뜬 마음 역시도 모두가 풍선이다. 모교 동창회의장에 도착된 시간은 오전 10시. 창공에 애드벌룬 두둥실 뜨고, 현수막도 신나게 펄렁댄다.

지나간 세월은 벌써 50여 년, 인생의 기틀을 설계하던 사춘기 상념들이 주마등처럼 스친다. 어느덧 회귀점을 돌아 인생의 사양길에서 지나온 옛길을 뒤돌아보게 하는 감회가 무거워짐은 나만의 독백인가. 옛 같지 않은 변화들이 교정 구석구석 새롭건만, 몸도 마음도 서먹하기만 하다. 자지러드는 말년의 나이 탓인가. 교정엔 그 많던 추억도, 우정도 물 마른 개울가 이끼자국처럼 희미해졌다. 동기생들 중 누구누구는 이미 세상을 떠났고, 또 누구누구는 병고에 시달린다는 소식들만 무겁게 겹친다. 겨우 몇 명 옛 친구들 만나 반갑다고 손잡고 너스레를 떨어보지만, 서로가 얼굴 가득해진 주름 속에서 세월의 무상함만 확인할 뿐, 내년에 또다시 만날 수 있다는 기약은 아무도 없으니, 이 또한 삶의 한계던가, 고맙게도 후배들이 주축이돼 초대해준 동창회를 어찌 마다할까만, 마음속에 그리던 만남의 현실은 옛날처럼 기쁨만이 아님을 어떻게 설명하랴.

1958년, 내가 고등학교를 졸업한 지도 벌써 50년이 훌쩍 넘었다. 허무도 깨닫고, 무상도 깨닫는다. 빨리 벗어나기를 희구하던 고통은 언제나 추억의 중심이던가. 전후 세대 헐벗고 굶주림에 시달리던 고등학생 시절, 소풍가는 날이면 밥솥에 쪄낸 밀개떡 두어 쪽, 삶은 계란 두어 개, 찐 고구마 서너 뿌리 낡은 보자기에 싸주시며 앞산 언덕길 넘을 때까지 대문 앞에서 망연하게 쳐다보시던 어머님 사랑이 오늘 따라 더욱 사무치는 까닭은 무엇일까.

누가 "만남은 헤어짐의 약속"이라 했던가. 작별의 시간은 어쩐지 옛 같지 않게 미련으로 무겁다. 오후 2시, 오월의 햇빛은 아직도 장천이다. 예정대로 보원사지(普願寺祉)와 마애삼존불(磨崖三尊佛)을 찾아간다. 맑은 물 넘실대는 고풍(高豊) 호반을 돌아 산세 범상치 않은 계곡 길을 따라 드니, 이곳이 바로 1천4백여 년 전에 조각된 '백제의 미소' 마애삼존불(磨崖三尊佛)이 은신하고 계신 서산시 운산면 용현계곡 가야산 기슭이다.

계곡 입구 서낭당 돌무덤 위에 풍상으로 마모된 미륵불이 먼 내세의 불국(佛國) 정토(淨土)를 염원하듯, 길목을 지키고 서있다. 천년을 침묵으로 서있는 미륵불에 미물 같은 중생들 감히 목례로 스치며 계곡 길 따라 한참 오르자 관광객 북적대는 휴게소다. 가쁜 숨 돌린 후, 다리를 건너 계단 길로 오르면 선악(善惡)도, 미추(美醜)도, 음양(陰陽)도, 남녀(男女)도, 상대성을 가진 세상만물 모두가 둘이 아님을 깨닫게 하는 불이문(不二門)에 이른다. 불이문을 지나야 드디어 국보 제84호 마애삼존불을 대면할 수 있다.

커다란 자연암벽에 새겨진 석가여래상을 중심으로 좌우에 나란히 배치된 미륵보살, 제화갈라보살상의 조용한 미소가 중생을 맞는다. 죄(罪) 많은 속세중생 면구스러움 무릅쓰고 접근 금지선 바로 앞까지 바짝 다가서 가피를 바라는 내심으로 합장의 예를 올린다. 나무아미타불 관세음보살…. 옛날 어머님이 봉독하시던 석가 말씀을 암송해 보지만, 시공을 초월해 묵언참선을 이어온 삼존불은 아무 말씀 없으신 채 자비로운 미소만 여전하다.

헤픈 웃음도 아니고 인색한 웃음도 아니다. 너털웃음도 아니고 실성(失性)한 웃음도 아니다. 증오나 저주가 흐르는 냉소나 비소는 더욱 아니다. 때로는 엄해 보이기도 하고, 자애롭기도 하고, 또 때로는 아름답기도 한 삼존불상의 미소…. 시시각각 이동하는 햇빛의 각도 따라, 또 사철로 변화하는 계절 따라 미소 짓는 모습이 다르다고 한다. 잔잔하면서 순진함이 흐르고, 근엄하면서도 자비스러움이 흐르는 은은한 미소다. 위선과 비리, 시기와 질투, 갈등과 모함 등 사바중생들의 온갖 고뇌번민 모두 사르는 영생극락의 미소다.

인적 없는 깊은 산중, 무심한 바위 돌에 징으로 쪼아 영혼과 감성을 넣어 불국정토에 영생자비를 새긴 석공은 누구였을까. 무디기 한없는 내 마음속에까지도 법열 한 가닥이 자리한다. “마애삼존불은 6세기중엽 백제말기시대 작품으로 추정되며, 현존하는 불교문화 조각품 중 최고 작품으로 평가된다.”는 안내판의 기록이다. 시공을 넘어 흥망성쇠, 만고풍상, 파란만장 모든 시련 겪어내면서도 세태가 험악해진 오늘까지 기다려준 미소의 안온함 앞에 그대로 머물고 싶은 마음이 어찌 나쁜일까.

오! 백제인이여-. 지금 나는 어느 시대, 어느 역사의 후예던가. 백제 말기이던 무왕 원년(서기 600년)에 창건되어 1천여 명 승려들이 국태민안을 기도하던 산사도량, 보원사 옛터엔 임진왜란 때 불타버린 비운의 사적들만 파편되어 풀숲 여기저기 산재하고 있다. 태우고 부수고 강탈해가던 일제 만행을 아는지 모르는지. 두터운 듯 분명한 선으로 조각된 눈꺼풀이며, 초승달 눈썹 아래 자비로운 눈동자가 금방이라도 깜박거릴 것처럼 생동감마저 섬세한 삼존불상의 영원한 미소….

우리가 살면서 정녕 추구해온 진실이 무엇이던가. 흐뭇한 미소 한 자락….

(2011. 5.)

삶의 인연들

태어나고 싶어서 태어난 사람은 아무도 없다. 또 미래를 알고 태어난 사람도 없다. 막상 내 부모가 누구인지조차도 모른 채 태어났다. 세상에 태어나서 처음 만나는 사람이 바로 부모다. 서로 모른 채 전생의 인연으로 태어나 현생의 인연으로 만나는 첫사랑이 바로 부모다. 부모와 자식의 인연은 '처음'이자 단 하나다. 부모를 바꿀 수도 없고 자식을 바꿀 수도 없다.

세월은 무한이고 영원이다. 그러나 순간마다 시작이고 마지막이다. 어느 날 사람들의 지혜가 영원무한의 세월을 토막 내서 연월일(年月日), 시분초(時分秒) 단위로 사용하고 있다. 인간의 지혜 중에서 최고의 지혜다. 만약 시분초로 나눠진 세월의 단위가 없었다면 인류 역사는 동물과 다를 수 없을 것이다. 영원한 세월 속에는 시작도 없고 끝도 없지만, 연월일 속에는 시작과 끝이 분명하다.

탄생의 인연은 바로 죽음의 인연과 직결이다. 시작과 끝의 인연이다. 탄생도 죽음도 신과의 약속이다. 이 세상 두 번 사는 인생도 없지만 영원을 누리는 인생도 없다. 세상 만물의 존재이치다. 시간이 지나면 바위도 부서져 흙이 되고, 쇠도 녹슬어 형체를 잃는다. 더욱 놀라운 것은 세월은 단 1초도 뒤로 물러서는 후진이 없다. 앞으로만 돌아가는 시계를 보면 안다. 억겁을 지나도 변함없는 섭리다.

시간 속에 살고 있는 인생도 같다. 태어나고 죽기를 반복한다. 순간마다 시작이고 끝이다. 성공도 실패할 수 있고, 실패도 성공할 수 있다. 그러나 성공한 사람도 죽고, 실패한 사람도 죽는다. 다만 죽은 뒤에 어떤 이름을 남기느냐 차이다. 대대손손 후손들에게 빛나는 이름도 있고, 또 세월이 지나도 지워질 수 없는 추악한 이름도 있다.

오늘의 삶이 중요한 이유다. 후세들이 기리는 명예를 선택할 것인가, 아니면 후세들도 저주할 추악한 이름을 선택할 것인가는 각자의 인생관에 따라 선택할 몫이다. 삶은 언제나 처음이다. 세월은 어느 누구에게도 두 번의 기회를 주지 않는다. 삶은 연습할 시간도 없고, 복습할 시간도 없다.

성공한 삶도, 실패한 삶도 되돌려 다시 살 수 없다. 단 1초도 세월을 다시 활용한 사람은 아무도 없다. 영생도 부활도 재림도 신앙의 형이상학(形而上學)일 뿐이다. 세월은 영원하지만 인생은 유한하다. 무한의 세월은 새해도 없고 새날도 없지만, 시간은 시작과 끝을 만들어 새해도 새날도 있게 했다. 죽음과 소멸도 시간 속에 있다.

불가에서 말하는 윤회다. 누구나 존재하는 기간을 통칭해서 우리는 일생이라고 한다. 일생 속에는 헤아릴 수 없는 수많은 인연들이 오고간다. 만나고 헤어짐의 반복이다. 하루를 끝내고 잠들기 전에 오늘 하루 스쳐간 인연들을 생각해보면 희로애락도 주마등같다.

단 1초도 미래를 아는 사람은 없다. '처음'란 의미는 '시작'이란 뜻이고, 또 시작의 의미는 '끝'이라는 의미가 따른다. 때문에 삶은 늘 시작이고 끝이다. 순간마다 죽음을 향해 달려가고 있다. 오로지 '희망' 하나에 매달려 죽음을 잊고 사는 게 인생이다.

'희망'은 삶의 동력이다. 누구에게나 희망의 의미는 삶이고 개척이다. 채마밭에 잡초 한 포기 뽑아내는 농부의 마음도, 밀폐된 공간에서 얼굴빛 창백해지도록 연구에 몰두하는 학자도 희망 하나 때문이다.

희망을 위해선 남이 가지 않는 길도 가야 한다. 망설이고 두려워할 수만 없다. 남들이 하지 못하는 학문을 연구하고 기술을 개척하는 것도 각자의 인생관이 지향하는 희망 때문이다. 희망은 집념과 실천을 요구한다. 희망과 포부가 아무리 원대해도 집념과 실천이 없다면 바람 빠진 풍선이다.

희망을 이룩하는 인생은 성공이다. 내가 살아온 길을 되돌아본다. 남보다 좋은 것을 많이 가지려고, 또 남보다 좋은 곳에 먼저 가려고 발버둥 쳐온 욕심은 얼마이던가. 남들이 가지 않는 길, 남이 하지 않는 일도 해야 했다. 두려움과 망설임, 또 설렘을 겪으며 '희망'이란 인연 하나 애드벌룬처럼 띄워놓고 그토록 달려왔다.

개척되지 않은 시간을 찾아, 한 치도 알 수 없는 새로운 시간을 향해 달려왔다. 새롭게 달려드는 시간들을 어떻게 써야 할 것인지에 대해서는 오로지 자기만이 결정할 수 있다. 인생관을 선택하고, 직업을 선택하고, 배우자를 선택하는 것은 각자 마다에게 주어진 천부적 권리이자 인연이다.

시간은 순간도 새것이듯, 삶은 항상 낯설다. 배낭 하나 짊어지고 혼자서 처음 떠나는 외국여행처럼 미래는 생소하다. 생각만으로도 걱정과 망설임, 또 설렘이 교차한다. 막 사랑에 눈뜬 첫사랑을 연상해보면 안다. 인생에 있어 첫사랑만큼 황홀한 추억도 없다. 처음의 인연은 언제나 어설프고 미흡하다. 때로는 수줍기도 하고 서툴기도 하지만, 그 시간 속엔 참신함과 신선함, 진실함이 함께 한다.

노련함이나 익숙함은 모두 처음이란 과정을 통과해야 얻어지는 인연이다. 미래는 항상 새 세상이다. 내일도 마치 내가 살아본 세상처럼 생각하면 오만이다. 석양빛에 그림자가 길게 늘어지면 소멸의 시간을 예고하는 것이다. 평생 삶을 동반해준 숱한 인연들….

(2015. 5.)

무거워지는 가을의 상념들

백로(白露) 지나 중추가절로 접어들 무렵이면 밤바람이 유난히 감미롭다. 저녁식사 후 공원 산기슭에 산책 나가 추석 부르는 초승달빛 풀 섶에 펴고 앉았노라면 먼 날의 상념들이 이놈저놈 수없이 다가와 얼굴을 내민다. 그 중에는 까맣게 잊어졌던 놈들도 있고, 떠올리기조차 소름 끼치는 놈들도 있으며, 나이테처럼 가슴 깊이 새겨놓고 기다리던 놈들도 있다. 또 어느 놈은 나타나기조차 켕기는지 뒷전에서 어물대고, 어느 놈은 넉살좋게 너스레떨면서 소주 한 잔 하자고 달려든다.

그래! 한 잔 마시자. 내 무슨 이유로 너희들을 마다하고, 거부할 것인가. 이럴 때 마시는 게 술이 아니던가. 악연이던 호연이던 70여 평생을 살아오면서 맺은 인연들, 내 어찌 너희들과 맨입으로 스칠 수 있으랴. 더구나 저토록 애절하게 울어예는 풀벌레들의 유장한 사연들이 가슴 저리게 하는데….

안주는 무슨 놈의 안주…, 많은 상념들 이것저것 한 꼬치씩 뽑아 안주 대신 씹으면 되지. 풀 섶에서 울어대는 미물들조차 어찌 그리 내 마음을 잘 아는지. 보고 싶은 얼굴, 생각나는 사람들을 번갈아 불러댄다. 그뿐인가. 잊어도 되고, 버려도 될 잡념들까지도 용케 찾아서 몰고 온다. 살아온 굽이굽이 매어두고 묻어둔 생각들은 또 얼마나 많은가.

신의 눈물인가, 불멸의 선약(仙藥)인가. 골목길 허름한 가게에서 사온 비닐봉지를 헤친다. 투명한 무색의 알코올 액체는 아득한 심연을 우려내는 듯, 한 잔 한 잔 짜릿한 감성이 목줄 타고 흐를 땐, 얼핏 고뇌나 희열의 맛도 느껴지지만, 때로는 깊숙이 감추어 두었던 울분의 충동까지도 느끼게 한다.

새우깡 아삭대는 맛에 홀짝댄 소주 기운이 초가을 밤 골안개처럼 아리하게 온몸으로 퍼진다. 가끔씩 지나는 아베크족 말고는 발길도 뜸한 공원 산 풀밭엔 어느새 투명한 이슬이 초승달빛에 반짝인다. 불현듯 '지금'이라는 순간이 다가선다. 언제나 내가 살아온 세월이 '지금'이 아니던가. 취흥인가, 환상인가. 인생의 정점(頂點)이 어디이고, 종점(終點)이 어디인지 헤아리지 못하는 가슴앓이 속에서 '지금'의 연속으로 '지금'까지 살아냈다.

이런 때면 심연에 쌓였던 감성들까지도 고개 들고 나와 나도 한 잔 먹자며 또 한 잔의 갈증을 충동인다. 술이란 묘하다. 먹으면 또 먹는다. "세 잔을 마시면 대도에 통하고, 말술을 마시면 자연에 합한다(三盃通大道 一斗合自然)"는 당대(唐代)의 시선(詩仙) 이태백의 시 〈독작(獨酌)〉의 한 구절이 스친다.

내 어찌 감히 선인(仙人)의 시심에 견줄까만, 초가을 밤 산언덕 풀밭에 홀로앉아 소주 몇 잔 독작하노라니 '지금'이라는 현재가 다시 한 번 소중함으로 다가선다. 과거는 과거고, 미래는 미래다. 오직 '지금'만이 현실이다. 살아온 날들 굽이마다 매듭지어진 청춘의 투정도, 과욕의 허망도 모두 다 쓸려나간 부질없는 것들….

취기인가, 망상인가. 발아래 아스무리하게 내려다보이는 도심의 밤풍경이 불야성이다. 어느 축제가 저리도 화려할까. 낮에 피는 꽃이 자연의 예술이라면, 밤에 피는 도심의 불꽃은 인간의 예술이다. 지칠 줄 모르고 헐떡대며 춤추는 네온불빛은 무엇이 그리도 신나는지…, 꼬리 물고 도도하게 흐르는 자동차 라이트 빛 뒤엉켜 도시의 야경은 더욱 취한다.

햇빛 아래선 꼼짝도 못하던 불빛들이 해가 죽고 어둠 덮이니 억압을 벗어난 해방특구처럼 온통 불빛세상이다. 밤이 있어 화려하게 살아나는 불빛, 그래서 태양은 황혼을 덮고 장렬하게 죽었는가보다. 이런 것들이 진정 삶의 모습인가, 저토록 화려한 불빛 속에선 지금 어느 삶이 비지땀을 쏟고 있을까. 아니, 어느 가련한 신세가 한숨 토해내는 상념으로 허덕일까.

진시황의 영화인가, 솔로몬의 지혜인가, 아니면 생애구책의 몸부림인가. 이상과 현실 속에서 저토록 바쁘게 번뜩대며 달려가야 하는 삶의 행선지는 어딜까. 얼마 후면 다시 해가 뜰 텐데…. 저들은 '지금'의 시간을 깨달을까. 상념의 불꽃들이 가슴으로 파고든다. 과거, 현재, 미래가 환상(幻想)되어 '지금'의 춤판을 벌인다. 밤을 흔들어대는 권세인 양 휘황한 불빛들의 천국이다. 뒤엉켜 바글대던 불나비들처럼 내일 아침 해 뜨면 단박에 없어질 것들….

어찌 불빛들뿐일까. 보낸 적 없는데 가버리고, 부르지도 않았는데 달려드는 세월은 또 무엇이던가. 세상을 덮을 듯, 하늘을 찌를 듯, 무성하던 여름날의 정염도 한풀 꺾였다. 명멸과 윤회는 태초부터 정해진 조물주의 섭리다. 없어지고 생겨나는 상념 또한 다르지 않다. 울고 싶어도 울지 못하고, 웃고 싶어도 웃지 못하는 인생사 모두가 상념이다. 오늘밤 울적해진 나 또한 상념 때문일 게다.

만질 수도 없고 잡을 수도 없지만 가을 되면 무거워지는 것이 상념이다. 때로는 목울대 타고 올라오는 슬픔이 되고, 또 허겁지겁 퍼마셔도 해갈될 수 없는 그리움이 된다. 어느 날 어머님의 환상이 저승에서 찾아오고, 아버님 영혼이 구천에서 내려오신다. 충만한 사랑과 환희를 감성의 자리에서 거두어, 이성의 자리로 안내해보지만 어느새 부모님의 환상은 지워지고, 영혼은 흔적 없이 떠나셨다. 가을만 되면 이처럼 아련한 그리움이 상념 되어 알 수 없는 분기점을 오르내린다.

오르막길의 정점과 내리막길의 시작점으로 비유하는 생사의 분기점은 도대체 어디쯤일까. 지금부터 얼마나 올라가야 하고, 또 얼마나 내려가야 하는 길인가. 찰나에 불과한 정점을 삶의 목적으로 착각하고 아등바등 살아온 욕심도 이젠 놓아야 한다. 그래서 가을 되면 더욱 무거워지는 게 상념들인가 보다.

(2013. 9.)

세월에 스치는 상념(想念)들

올 가을도 어느덧 저물어간다. 거실 창 넘어 초록빛 무성하던 모과나무가 노래진 열매 몇 개만 매어단 채 수척해졌다. 몇 알의 열매를 매달기 위해 모진 풍상에 시달린 삶의 세월 또 1년…. 어찌 모과나무뿐이던가.

늦가을 아침 상념(想念) 하나 데리고 공원 산책길로 나선다. 휘적휘적 오솔길을 걷노라면 과거, 현재, 미래가 번갈아 스친다. 이젠 모두 없어진 세월이 됐지만 나에게도 봄, 여름, 가을, 겨울로 이어진 수십 성상의 연륜이 쌓였다.

내가 살아온 인생의 열매는 무엇인가. 모두 거두어 저장해야 될 보람과 가치뿐인가. 아니면 바람에 날려 보낼 허무한 쭉정이뿐인가. 항상 허덕이며 살아온 범부의 일생…, 어느 누가 이 가을 앞에서 당당할까. 급해진 햇살은 벌써 중천을 지난다. 바쁜 바람결에 빛 고운 단풍들이 향방 없이 휘날린다. 건너 산 뻐꾸기소리

야윈 능선타고 청승맞게 흐르면, 늦가을 산길의 감성은 더욱 허전해진다.

살아온 업적은 고사하고 나이테 한 줄도 그려내지 못한 내 주제에 벌써 회귀점을 돌아 인생길 석양에서 서성이고 있다. 이젠 갈 곳도 없고 할 일도 없다. 급하게 뛸 일도 없고, 가슴 콩닥대며 쫓길 일도 없다. 누구의 지시도 없고, 누구의 간섭도 없다. 영역 밖으로 밀려나 느슨해진 일상에 굳이 책임질 일도 없고, 해야 할 의무도 없어졌다. 이름하여 '은퇴인생'이란 서러운 영역 밖으로 밀려났다.

'은퇴'란 단순하게 직장에서 밀려난 '퇴직'의 의미만도 아니다. 존재 가치가 가벼워지다 못해 없어진다. 문장가 구활 선생은 "은퇴란 가족들의 관심에서까지도 멀어지는 서글픈 인생을 의미한다."고 썼다. 모두가 세월 때문이다. 세월은 누구도 차별하지 않고 공평하다. 젊은 인생도 세월 지나면 늙어진다.

은퇴라는 이름을 짊어지고 사회조직의 구성원으로서 능력과 자격을 상실했을 때 삶의 의미는 허무다. 내 스스로의 존재가치를 곰곰이 씹어본다. 정론직필에 씻기고 단련돼 몸과 마음이 여물고, 행동 안팎이 남다르리라는 자존심도 오만이었다.

무수하게 스쳐간 삶의 명세표들을 차곡차곡 모아보지만, 그 역시 세월의 흐름 속에 던져진 돌멩이에 불과한 것이었다. 보이지도 않고 잡히지도 않지만, 어느 누가 세월의 존재를 부정하고 거역할까. 영원한 세월도 알고 보면 순간의 연속이다.

내일이 오늘 되고, 오늘이 어제가 된다. 젊었을 때 일찍이 순간의 소중함을 깨달았어야 한다. 순간의 선택이 평생을 좌우한다고 했지 않은가. 순간이라고 느끼는 순간, 순간은 벌써 과거로 사라졌다. 순간 따라 사라지는 존재가치, 그래서 소속을 잃고, 역할을 잃고 서성이는 오늘 내가 더욱 허무해지는지도 모른다.

오로지 내 친구는 평생을 변치 않고 따라다니는 그림자와 상념뿐이다. 아무도 보이지 않는 산길인데도 누군가 따라오는 발자국 소리가 들린다. 내가 내 마음속을 방황하는 그림자의 환청(幻聽)임을 깨닫지만 왠지 동반자라는 정이 간다.

가버린 세월의 뒷전에서 소스라치도록 놀라게 되는 건 누구라도 마찬가지일 것이다. 욕심 줄여 가볍게 살자고 약속한 친구들 모두의 공감이다. 불가에서는 흔히 자등명(自燈明), 법등명(法燈明)을 설한다. "나를 의지하고 진실을 의지하라."는 의미다.

스스로를 태워 세상을 밝히는 촛불만이 제단에 강림하는 영혼과 교감한다. 세월 모두 잃어버린 후 약해진 마음을 드러내는 넋두리인가. 이젠 후회도 소용없다. 잊혀져가는 기억을 지펴내는 작은 향연이기도 하다.

허상은 깨지고 진실은 드러나기 마련이다. 진실 속에는 허무가 없다. 진실을 소리치면서도 위선을 헤어나지 못하고 허무만 씹는 오늘의 내 현실이 밉다. 상념 한보따리 짊어진 채 공원길을 걷노라면 허리에서 휘청거리는 소리가 들린다. 누가 가져다준 세월도 아니고, 내가 자청해서 불러들인 세월도 아니다. 순간마다 쌓여지는 진실의 섭리를 누가 감히 거역할 수 있을까.

자글대는 공상들 모두 쓸어 담아 길어진 그림자 데리고 다시 공원길을 내려올 때면, 또 하루도 작별이듯, 어디선가 내려앉은 탁음으로 국~ 국~ 울어대는 산비둘기 소리가 식어진 가을바람에 야위어진 능선 타고 산자락을 넘는다.

(2014. 11.)

공상의 날개

겨울밤은 유난히도 길다. 한숨 자고 깨서 머리맡에 놓아둔 핸드폰을 열어보니 삼경을 타고 넘는 뽀얀 글씨가 말똥말똥하다. 이럴 때면 숱한 공상들이 몰려와서 심란한 춤판으로 자글대기 일쑤다. 찬바람 스쳐 덜컹대는 유리창 너머엔 캄캄한 어둠뿐이다. "금생(今生)의 존재는 곧 전생(前生)의 업(業)이요, 금생의 업(業)은 곧 내생(來生)의 존재"라는 불경 한 구절이 스친다.

나는 전생에 무엇과 인연되어, 무슨 업을 지어놓았기에 오늘이 모양의 삶일까. 지금 내 삶의 업이 죽은 뒤에는 무슨 인연으로 이어질까. 불가에서는 업을 인연으로 여긴다. 인과업보(因果業報)나 중생윤회(衆生輪回)설도 업과 인연의 반복이다. 그래서 업과 인연은 중생들의 번뇌를 만들고, 다시 공상과 고뇌로 이어지나보다. 이별 없이는 만남이 없고, 죽음 없이는 탄생이 없다. 삶과 죽음 때문에 종교도 시작되었다. 사람마다 인연이 다르고, 업이 다르다. 흔히들 운명이라고도 말한다.

내가 타고난 운명은 무엇일까. 단잠 내쫓고 과거, 현재, 미래가 머릿속에서 난장판이다. 주방으로 가서 냉수 한 컵 마신 후 거실로 나가 창문 커튼을 제쳐본다. 누가 사는지 알 수는 없으나 건너편 아파트 중간층 어느 집 창문에서도 불빛이 잠 못 들고 있다. 저 집에서는 무슨 공상들로 이 시간까지 잠 못 든 채 불을 밝히고 있을까. 무슨 업으로 무슨 인연을 짓고 사는 사람들일까. 공상 위에 또 한 켜의 공상을 쌓는다.

언뜻 구천에 계신 아버지 생각이 떠오른다. 저녁상 물리시기 바쁘게 사랑방으로 나가 목침(木枕)부터 챙기셨다. 유별나게 초저녁잠이 많으셨다. "일찍 자고 일찍 일어나야 개똥 한 덩어리라도 더 줍는다."는 말씀을 늘 하셨다. 지금 생각하면 "내생을 위한 금생의 업"을 고민하셨던 분 같다. 아버지인들 어찌 공상 번뇌가 없었으랴. 전생에 짊어지고 태어난 인연인데 금생도 또 내생도 모두가 내가 짊어져야 할 인연들이 아니겠는가.

자정이 넘는 이 시간쯤이면 어김없이 사랑방에서 기침소리가 들리고 등잔불이 켜졌다. 벌써 한숨 주무시고 깬 시간이다. 무쇠 화롯가에 담뱃대 두들기는 소리부터 들렸다. 불을 밝힌 뒤에는 반드시 쓰디쓴 담배부터 한 대 피우셨다. 담배라야 여름에 농사지어 전매서에 팔고 남은 엽연초 썰어 쌈지에 담아 머리맡에 놓고 사시던 가루담배다.

손가락으로 꼭꼭 눌러 담은 놋쇠 담뱃대에 불을 붙여 물고 앉아 천정으로 피어오르는 하얀 연기를 한참씩 쳐다보며 무엇인가 깊은 생각에 잠기시던 아버지의 표정은 언제나 숙연했다. 아버지가 새날을 여는 일과는 이렇게 시작됐다. 윗목에 밀쳐둔 자리틀을 끌어당겨놓고 좌정하듯 가부좌 틀고 앉아 자리매기부터 일손을 잡는다.

촉촉하게 적셔둔 왕골껍질에 검불 다듬은 볏짚 한 가닥씩을 말아 길쌈하듯 고드랫돌 달각대시던 아버지의 모습은, 어쩌면 내생(來生)의 인연을 생각하며 금생의 공상과 번뇌를 엮어내는 참선이었는지도 모른다. 창호지 문살에 부옇게 여명이 밝아오고, 방울소리 달랑대는 외양간 황소놈의 하품소리가 또 하나의 인연으로 들려올 때, 아버지는 자리매기를 멈추고 이젠 여물솥에 군불 지피는 것으로 또 업을 삼으셨다.

보리밭에 거름주기, 땔감 나무하기 등 자정에 일어나 다시 잠자리에 들 때까지 하루 종일 잠시라도 손 놓고 쉼이 없으셨다. 지금 생각하면 부질없이 밀려드는 공상을 떨쳐내기 위한 아버지만의 지혜였다. 업을 인연으로 여기셨고, 인연을 삶으로 여기셨던 아버지가 구천으로 가신 지도 벌써 30여 성상이 지났다. 오늘의 내 공상은 할 일없어 빈들대는 허영이고 사치인지도 모른다.

컴퓨터를 열고 앉았지만, 막상 글자판을 들여다보면 엮어낼 생각들이 모아지질 않는다. 각기 다른 기능의 단추가 종횡으로 늘어선 글자판 위에서 공상들이 제 세상처럼 뜀박질만 한다. 한 치의 착오 없는 치열한 문명의 이기 앞에서도 산만한 공상은 글 한 줄을 만들어내지 못한다.

시간은 어느새 새벽 4시를 지난다. 잠자다 일어난 아내가 반찬하다 남겨둔 파란 무대가리 한쪽을 깎아다 준다. 시원한 맛으로 어석어석 씹으며 천정을 올려다본다. 왕골자리 엮어내시기에 긴 밤 지새우던 아버지의 모습이 다시 떠오른다. 글 한 줄 엮어내지 못하는 내 주제가 부끄럽다.

겨울밤의 새벽은 무겁도록 고요하다. 어둠속으로 침잠되어 분진도, 소음도 싸늘하게 가라앉았나보다. 건너편 길가에 서있는 가로등 불빛도 창백한 공상뿐이다. 해마다 더해지는 공상의 무게는 무엇으로 측정해야 하나. 부족하면 채우도록 하고, 넘치면 덜어 내도록 하는 우리들 내면의 심리계량은 언제쯤 가능할까.

쉬어야 할 시간이고, 놓아야 할 공상인데 날마다 자정 넘어 잠만 깨면 그놈이 찾아온다. 그 또한 내가 짓는 업의 인연이던가.

(2008. 1.)

세월은 그렇게 떠났다

만나고 헤어짐이 삶의 이치라지만, 그래도 헤어짐은 허무하다. 가을과의 헤어짐도 마찬가지다. 산하가 모두 수척해졌다. 나이 탓인가. 무상한 인생의 회한까지 묻어나는 계절이다. 낙엽 날리는 산기슭에 시공을 얹어 놓으면 능선에 하얗게 피어난 억새꽃들이 무리지어 흐느적댄다. 벌써 망년을 재촉하는 하늬바람이 차갑다. 언뜻 생각해보니 내 삶도 또 한 해의 연륜을 쌓는다.

우연히 친구 사무실에 들렀다. 차 한 잔 마시면서 친구가 평소 답지 않게 넋두리를 펼친다. "우리가 앞으로 저 은행나무 잎 지는 것을 몇 번이나 더 볼 수 있을까?" 창밖을 내다보니 8층 아래 먼빛으로 보이는 은행나무 가로수 노란 잎들이 찬바람에 우수수 날리고 있다. 친구 마음이 곧 내 마음 된다.

가을이 떠나가는 텅 빈 자락에서 가슴 시리도록 묻어나는 허전함이 옛날 같지 않다. 방자했던 청춘의 추억들이 연신 스쳐 지나

간다. 올려다 본 하늘 위엔 깃털 같은 하얀 구름들이 바쁘게 사윈다. 어느덧 황혼의 길목에서 서성이는 내 모습이 됐다. '인생'은 '일생'이라고 했다. 누구나 하나의 목숨으로, 한 번 태어나서, 한 세월 살다가, 한 번 죽음으로 끝난다.

영생도 부활도, 재림도 없다. 누구에게도 인생은 일생이다. 산천초목을 흔들던 권력도, 부귀영화를 누리던 억만장자도, 또 영혼의 세계를 지배하는 성인도 자기 생명 하나 어쩌지 못한 채 세월 속에 묻고 만다. 일상을 무심코 지내던 사람들도 계절이 바뀔 때면 불현듯 세월을 느끼고 깨닫기 마련이다.

마치 호주머니 속 용돈을 계산 없이 써대다가, 모두 다 쓰고 난 뒤에서야 돈 떨어진 사실을 깨닫고 후회하는 거나 다름없다. 시간은 곧 생명이다. 쉬지 않고 재깍거리는 시계 초침소리는 만물의 존재가 소멸로 가는 발자국소리다. 존재는 결국 부재가 되고, 유한은 곧 무한이 된다. 윤회라는 철칙 때문이다. 인간은 나도 모르게 태어나 나도 모르는 순간에 죽는다. 일정한 시간, 우주 공간 속에 살다가, 때가되면 다시 자연 속으로 돌아간다. 개미 쳇바퀴 돌듯 춘하추동의 반복…, 그러기를 한평생, 올해도 어느덧 겨울 앞으로 다가섰다.

은행잎은 해마다 봄에 피었다가 늦은 가을에 떨어지길 반복했건만, 내가 은행잎 보고 회한을 깨닫는 것은 오늘이 처음이다. 하늘로 치솟던 미루나무 가지들도 잎사귀 하나 제몫으로 남김없이 모두 떨어냈다. 가을 떠난 자리는 스산함만 가득하다. 감성 예민한 문객(文客)이 아니라도 허전함이 손에 잡힐 듯 몰려든다.

가을 떠난 자리에는 반드시 겨울이 차지한다. 우주는 생(生)과 사(死)의 진실을 어김없이 가르쳐 주건만, 우매한 인간들이 그 진실을 깨닫지 못하면서, 누가 세월을 속절없다 했던가.

앞으로 내게 찾아올 가을이나 봄이 몇 번이나 될지 생각해본 적이 단 한 번도 없었다. 세월은 모두 내 것인 줄로만 착각하고 살았다. 단풍잎 모두 떨어져 내리는 이제야 푸른 산하가 그립고, 지나간 세월이 그리운 것을 깨닫는다.

도인(道人)이 아니고서야, 인생을 깨닫고 산다는 게 어디 그리 쉬운 일이던가. 더구나 요즘처럼 촌각을 다투는 치열한 경쟁시대에서 범부가 살아남기란 너무 어렵다. 무엇이 옳고, 그름인지 생각하고 판단하기보다는, 어떻게든지 살아야 한다는 절박감에 쫓기기 바쁘다. 그러다보니 윤리 도덕의 가치관이 무너졌고, 편의성 이기주의만 팽창하고 있다. 가을이 가는지, 겨울이 오는지도 모르고 산다.

프랑스 사상가였던 몬테스퀴(Montesguieu)는 "우리는 인생이 다 흘러가버린 후에야 어떻게 살아야 하는가를 배운다."고 했다. 깨달음이 늦다는 의미다. 곧 후회를 말함이다. 나 역시도 지나간 세월을 후회하고, 지나온 인생을 후회하기는 마찬가지다. 가로수 낙엽보고서야 불현듯 깨닫는 황혼의 후회다.

'청춘을 돌려다오…'를 아무리 외쳐도 허공의 메아리다. 세월은 이미 겨울로 다가서고 있다. 떠나는 가을을 되돌릴 수는 없다. 불가(佛家)에서는 "모두 비우고 사는 게 가장 가득함을 얻는 것"이라고 했다. 무성하던 가로수들도 제 몸에 매달았던 이파리 하나 남김없이 털어내면서 가을은 그렇게 떠나고 있다. "우리가 저 은행잎 지는 것 몇 번이나 더 볼 수 있을까…" 뜬금없이 던지던 친구의 넋두리가 머릿속에 맴돈다. 세월은 그렇게 떠나는 것을….

(2011. 11.)

섭리에는 공상도 없고, 착각도 없고, 공짜 세월도 없다.
인간들도 깨달아야 한다.
공짜 세월이나 기다리며 교활해져선 안 된다.
윤달은 덤으로 사는 공짜 세월이 아니다.
심리적으로 반성의 세월이다.
또 깨달음의 시간이며, 준비의 시간이다.
– 본문 중에서

제3부

유심(有心)과 무심(無心)

윤달을 살며
일용할 양식 누가 주었나
부끄러움을 누가 가르치나
과연 누가 현명할까
삶은 운명이던가
그림자 친구삼아
바로 그게 인생의 한계
너도 이제 백발이 성성하구나
정녕코 3월은 오는가
누가 4월을 초대했나
하늘 보고 하늘생각
깨달음을 재촉하는 초침소리

윤달을 살며

내가 인생을 만약 다시 살 수 있다면…. 나에게 청춘이 다시 돌아온다면…. 누구에게나 한두 번씩 스치는 부질없는 공상이다. 공상이란 현실성, 실현성이 없는 생각들이다. 사리에 맞지 않는 생각이나 이치에 어긋나는 생각도 공상이라고 한다. 누가 말했던가. 공상이나 착각은 자유라고…. 나도 가끔씩 부질없는 자유에 들뜨기 일쑤다.

그러나 공상이 모두 나쁜 것만은 아니다. 가끔은 희망이 될 수도 있고, 삶의 동력이 될 수도 있기 때문이다. 무(無)에서 유(有)를 창조하는 것도 공상이다. 남다른 공상 때문에 남다른 현실을 이룩한 사람들은 동서고금에 많다. 순간의 공상이 계기가 되어 발명가가 될 수도 있고, 명성 높은 정치가도 될 수 있으며, 또 유명한 문장가도 될 수 있다.

고통의 시간은 1초도 지루하지만, 즐거움의 시간은 1년도 짧다.

시간은 항상 희망과 절망의 연속이다. 엄격하게 따지면 공상도 착각도 시간이 만들어낸다. 세상에서 오직 하나 가장 소중한 것을 고르라면 시간이고, 또 하나만 이루라면 세월 속에서 얻는 보람일 것이다. 그래서 세월은 항상 공상과 착각을 끌고 다닌다. 공짜세월을 기다리는 사람인들 어찌 없을까.

흩뿌리던 비 끝에 창문 덜커덩대는 늦가을 바람소리가 겨울을 재촉한다. 아파트단지 골목길마다 푸르던 가로수가 퇴색된 낙엽을 떨어내 수척해졌다. 오가는 사람들의 발걸음도 어제보다 바빠졌다. 책상 앞에 걸어둔 달력이 벌써 11월을 넘어선다. 갑오(2014)년의 세월도 하염없이 저물어간다. 살아온 날보다 살아갈 날이 더욱 짧아졌음을 깨닫는다.

바둑꾼처럼 달력을 짚어가며 복기(復碁)를 해본다. 올해(갑오년)는 음력 9월이 두 달이나 됐다. 두 달 중 1달은 윤달(閏月)이다. 1년을 12개월로 기준한다면 올해의 음력은 13개월이나 된다. 언뜻 생각하면 윤달은 덤으로 사는 공짜 세월 같다. 단 1초도 재사용이나 여유를 허락하지 않는 세월의 섭리가 무려 한 달씩이나 인간들에게 공짜시간을 주고 있으니, 이 무슨 횡재인가.

어찌 일확천금을 꿈꾸는 로또 복권에 비기랴. 때로는 섭리도 착오가 있나? 양력과 음력을 겸용한 달력을 놓고 따져보면 산술둔한 나는 무한한 공상에 빠져든다. 양력은 분명하게 12개월인데,

음력은 13개월이나 된다. 공짜세월 한 달…. 촌각을 다투며 발버둥 치는 게 인간들의 세태가 아니던가.

어제 죽은 사람은 오늘을 살기 위해 그토록 발버둥쳤다. 또 오늘의 생명들도 내일을 살기 위해 발버둥치고 있다. 윤달이란 정말 공짜세월일까? 내심 공짜이기를 바라는 얄팍한 내 공상이 괴망스럽다. 윤달은 흐르는 세월이 멈춘 달인가? 공상이 공상을 달고 연신 춤판을 돈다. 윤달이라…? 윤달이라…?

얼마 전 어느 스님의 글이 떠오른다. "1년 열두 달 매월 별로 인간의 길흉사(吉凶事)를 담당하는 신(神)이 있으나, 윤달에는 인간의 길흉사를 담당하는 신이 없다."는 것이다. "길흉사 걱정 없기 때문에 사람들이 제 맘대로 사는 달"이다. '액운' 걱정 때문에 택일을 받던 혼사, 이사, 천묘 등의 큰 행사도 윤달에는 제 맘대로 실행한다는 것이다.

세월은 본래 시작도 없고, 끝도 없는 무량무한의 영원이다. 영원한 세월을 연월일(年月日), 시분초(時分秒) 단위로 토막 낸 것은 영악한 인간들의 지혜다. 인간들은 언제부터인가 1년을 365일, 12달, 24절기로 나누어 셈하고 있다. 억겁의 세월에 태어나고 죽음을 반복해 오면서 터득한 인간의 지혜일 것이다.

때문에 윤달도 세월을 토막 내는 과정에서 빚은 인간의 계산착오일 것이다. 달(月)의 궤도를 기준으로 계산한 음력과, 해(日)의 궤도를 기준으로 계산한 양력의 차이일 것이다. 세월의 섭리는 더도 없고 덜도 없는 곧이곧대로다. 윤달에도 세월은 계속 흐른다. 때문에 윤달은 공짜세월이 절대로 아니다.

섭리는 인간의 지혜와 무관하다. 영원한 세월은 윤달이 없다. 산야에 자생하는 초목들을 보면 안다. 초목들은 잠시도 쉬지 않고 사계절 생사의 모양을 바꾸며 산다. 잎과 열매 모두 털어내고 성장점마저 멈춘 채 겨울을 맞는 게 초목들의 지혜다. 길가 풀 섶에 살던 미물들마저도 세월의 섭리를 안다.

섭리에는 공상도 없고, 착각도 없고, 공짜 세월도 없다. 인간들도 깨달아야 한다. 공짜 세월이나 기다리며 교활해져선 안 된다. 윤달은 덤으로 사는 공짜 세월이 아니다. 심리적으로 반성의 세월이다. 또 깨달음의 시간이며, 준비의 시간이다. 불가에서는 그동안 못다한 공덕을 실천하는 달로 삼기도 한다.

(2014. 12.)

일용할 양식 누가 주었나

옛날 어느 임금이 맛있는 음식을 먹은 후 요리사를 불러 상을 주겠다고 했다. 그러나 요리사는 "임금님! 요리는 기술일 뿐 곡식과 야채를 제공한 사람의 공이 더 큽니다." 하며 겸손하게 사양하자, 임금은 다시 곡식과 야채를 제공한 상인을 불렀다. 곡식과 야채를 파는 상인도 임금님께 "정작 상을 받을 사람은 곡식과 야채를 재배한 농사꾼"이라고 말했다. 그러자 임금님은 다시 농사꾼을 불러 상을 주겠다고 하자, "임금님 저는 그저 씨를 뿌려 손질만 했을 뿐입니다. 때 따라 비를 주고 햇볕을 주어 작물을 자라게 하신 하나님의 은총입니다…."

어느 개신교회가 길거리에서 나눠준 선교용 홍보물 내용 일부다.

땅이 있는 곳마다 온갖 풀이 자라고 꽃이 피는 것을 보면 얼마나 신비하고 아름다운 광경인가. 땅은 어떤 씨앗이든지 떨어지기만 하면 하늘에서 비를 받아 싹을 내어 자라게 한다. 게다가 각각의 종류대로 영양과 맛, 그리고 독과 약의 효과를 모두 다르게 점지한 것을 보면 정말로 조물주의 능력은 신비를 넘어 어떤 이유로든 숭배하지 않을 수 없는 신앙의 이유가 된다.

내용 중 한구절도 흠잡을 수 없는 진실의 글이다. 선교 홍보지를 읽는 순간 우선 내 삶부터 되돌아보게 된다. 아무 노력도, 대가도 없이 평생토록 무한정으로 사용해온 햇볕, 공기, 비, 바람 등 자연에 감사해본 적이 있는가. 많은 사람들과 어울려 서로를 이해하고 양보하며 사랑과 진실을 실천해 본 것은 몇 번인가. 또 오늘의 사회현상이 왜 이토록 각박해지고 살벌해졌는지 반성해 본 적은 있는가.

따끔한 생각으로 주위를 둘러본다. 스스로가 잘못했다는 사람은 아무도 없다. 서로가 나만 선(善)이고 상대는 악(惡)이다. 칭찬의 소리들은 없다. 오히려 시기 질투, 음해 모략까지도 서슴지 않는 세태다. 모두가 선지자(先知者)뿐이고 잘난 사람들뿐이다. 남에게는 욕심을 비우라 책망하면서도 정작 자기 욕심만은 채우려 한다. 인심정서가 각박해지는 이유다.

내 인생의 거울은 이웃들이다. 내가 먼저 베풀면 이웃도 나에게 베풀게 된다. 내가 먼저 웃을 때 이웃도 따라 웃게 된다. 내가 변화하면 이웃도 따라서 변화한다. 인정도 사랑도 내가 먼저 줘야 받는다. 그런데도 요즘은 서로가 내 것뿐이다. 욕심과 위선뿐이다. 진실도 양심도 변하고 있다. 있어도 없는 척, 없어도 있는 척 무명(無明)의 세태가 판을 친다.

어느 것이 진실이고, 어느 것이 위선인지 몽롱하다. 곳곳마다 교회도 많고 사찰도 많다. 말마다 사랑이고, 말마다 자비다. 예수를 따르는 신도가 수천만, 석가를 따르는 신도가 수천만이라고 떠든다. 산술적으로 계산하면 세상에는 온통 사랑과 자비로 넘쳐야 한다. 그런데도 서로가 갈등이다. 예수교는 예수교끼리도, 불교는 불교끼리도 서로가 갈등이다. 앞에선 예수고 석가이면서 돌아서면 서로가 이단이고 반역이다.

어느 교단도 반성하고 회개하는 곳 없이 모두가 내가 선(善)이고 상대편은 악(惡)이다. 길거리에서 뿌려대는 선교 홍보지 중에는 영생, 재림, 천당, 구원, 치유 같은 감언이설, 혹세무민이 가득하다. 심지어는 화장지, 사탕, 껌, 튀밥까지 소형으로 포장해서 행인들에게 돌리는 얄팍한 호객선교도 많다. 기독교 역사이래 2천여 년 동안 한 사람도 영생, 재림, 부활한 사람은 없다. 무엇을 의미하는가?

임금님의 지혜도 아니고, 요리사의 의리도 아니다. 또 장사꾼의 양심도 아니고, 농사꾼의 진실도 아니다. 십자가에 못 박혀 죽은 예수의 사랑정신은 더더욱 아니다. 석가의 자비정신도 아니다. 신도들이 많아야 하고, 교회당도 커야 하고, 돈도 많아야 한다. 모든 신앙 대부분이 욕심이고 위선이다. 스님들이나 목회자들의 욕심 때문이다. 그래도 그들은 날마다 침이 마르도록 자비와 사랑, 양심과 정의를 떠든다.

일부 스님들과 목회자들이 때로는 사회적, 정치적 행사에 끼어들기도 일쑤다. 양심과 정의라는 명분 팔아 민주국가의 정체성마저 부정하는 불순집단의 시위 선두에 앞장서기도 한다. 천민적 욕망에 눈멀어 거룩한 예수 이름 팔아먹다 세월호 참사까지 저지른 사람도 어느 교회 목사다. 그런데도 어느 교회도, 어느 목사도, 또 어느 신도도 회개, 반성하는 목소리는 한 번도 낸 적 없다. 툭하면 정부 잘못 탓만 앞세운다.

종교의 가치는 물질이 아닌 정신이다. 가슴으로 느끼는 진실이고 양심이고 정의이어야 한다. 물질적, 정치적 욕심으로는 예수 신앙, 석가신앙을 전파할 수가 없다. 교회가 예수의 진실과 사랑, 종교의 양심과 정의만 실천한다면 굳이 길거리에 나서 정치패거리에 휩쓸릴 필요도 없고, 길거리 행인들을 향해 얄팍한 호객선교를 할 필요도 없다.

이젠 물질과 문명이 풍요롭다. 등 따습고 배부른 세상이 됐다. 누가 이 땅 위에 이토록 풍요로운 세상을 만들어 놓았나. 행복을 깨닫고 감사해야 한다. 그런데도 어느 누구도 행복을 감사하는 사람은 없다. 오히려 불행의 역설만 넘쳐난다. 순리가 정도를 벗어났다. 맛있게 먹고 난 임금님이 요리사, 장사꾼, 농부를 차례로 불러들여 칭송을 아끼지 않았던 덕치의 지혜를 종교가 앞장서 실천하고 가르칠 때다.

또 요리사, 장사꾼, 농부가 임금님 앞에서 욕심 없이 고백한 양심과 진실도 부처와 예수의 진실과 양심으로 종교가 먼저 실천할 때다. 신앙이 왜 존재해야 하는가. 사랑과 진실, 정의와 양심을 지키기 위함이다. 한 사람의 목자와, 한 사람의 신도라도 욕심과 위선의 벽을 허물고 양심과 진실을 세울 때, 길거리에서 호객 선교 없어도 신도는 천 사람, 만 사람으로 구름처럼 따를 것이다. 종교의 존재를 세운 것은 인간이다.

일용할 양식 누가 주었나.

(2014. 12.)

부끄러움을 누가 가르치나

부끄러움에 명석했던 소설가 박완서 선생은 1976년에 발간된 첫 창작단편집 ≪부끄러움을 가르칩니다≫에서 지문(地文)으로 절규한다. "나도 모르게 내 얼굴이 화끈거리고 홍당무가 되는 부끄러움은 진정한 인간의 양심이고, 또 양심의 고통"이라고 했다. 바야흐로 부끄러움을 모르고 사는 세태, 내 걱정 싸놓고도 남의 걱정에 빠져 사는 주책없는 세태, 아예 염치(廉恥)를 내팽개치고 사는 파렴치한 세태를 선생은 일찍부터 우려했던 것인가.

염치란 부끄러움을 깨닫는 양심이다. 나는 내 염치를 얼마나 깨닫는가? 모두가 잠든 삼경, 컴퓨터 글자판 앞에 홀로앉아 심연을 헤매기 일쑤다. 양심도 염치도 분별없는 세태에 뒤섞여 아무렇지도 않게 살아온 내 스스로도 파렴치한 세월이었다. 석양의 인생길에서 뒤늦게 작은 깨달음 하나 주워든다. 보이지도 않고 촉감도 없지만 마음을 짓누르는 깨달음의 무게가 말초혈관까지 느껴온다.

살아있는 동안만이라도 부끄러움 하나 간직하고 살기를 다짐해 본다. 아니! 부끄럽지 않게 살기를 다짐해 본다. 내 것인 양 날마다 고집스레 끌어안고 살아온 위선과 허욕들…. 남의 잘못을 참견하기 전에 내 잘못부터 반성하라고 양심은 가르친다. 깨달음은 염치를 동반하는가. 양심에 맞서는 현실의 장벽 앞에서 빚어지게 마련인 패배, 좌절, 허탈, 울분 등의 부끄러움을 반성하고 뉘우칠 때 오히려 성숙과 정진으로 승화할 수 있다고 가르친다.

부끄러움은 인간에게 자아 확립의 계기가 되고, 인격을 성숙시키는 동력이 될 수도 있기 때문이다. 부끄러움은 인간만이 갖는 미덕이다. 잘못을 깨닫고 스스로 얼굴이 발개지는 부끄러움은 아름다운 양심이고 타고난 본능이다. 사람들은 언제부터 부끄러움을 알기 시작했을까. 에덴동산에서 선악과를 따먹은 아담과 이브가 안락했던 낙원을 등지고 죄악과 부끄러움으로 흉행하는 갈등의 땅으로 나선 것은 창세기 때부터다.

금단의 열매를 따먹은 아담과 이브는 신의 명령을 거역한 죄책감에 눈을 뜨면서 처음으로 깨달은 것이 부끄러움이었다. 우선 자신들이 벌거벗고 있음을 알게 됐고, 또 그때부터 앞을 가리기 시작한 것이다. 은밀한 곳을 감춘 성화(聖畵)의 묘사는 우리에게 부끄러움의 원천이 무엇인가를 암시한다. 자궁기(子宮期)의 인간에겐 아무런 번민도 없고 고뇌도 없다. 염치가 무엇이고 부끄러움이 무엇인지도 모른다. 오로지 평화와 행복뿐이다.

윤리적 갈등이나 책임도 존재하지 않는다. 세상의 고통과는 아랑곳없이 먹고 싶을 때 먹고, 놀고 싶을 때 놀고, 또 자고 싶을 때 자면 된다. 어머니 뱃속이 바로 낙원이고 에덴동산이다. 자궁기를 끝내고 세상에 나오면서부터 인간에겐 온갖 고뇌 번민도 시작되고 부끄러움도 시작된다. 유아기를 지나 자립의 시기로 접어들면서 하나 둘 현실의 장벽들이 고통과 위선을 만들고, 욕심과 허상의 갈등도 만든다.

양심을 깨닫고 부끄러움을 깨닫는다는 것은 인간 삶의 정도(正道)다. 그러나 세상을 살다보면 반드시 정도만 지키면서 사는 사람이 없다. 엄격한 의미에서 정도란 신만이 가는 길이다. 사람이 사는 것은 항상 부끄러움의 연속이다. 번민도 고뇌도 갈등도 그 배경을 살펴보면 모두가 욕심 때문이다. 오죽하면 미국의 어느 양심시인은 개처럼 사는 삶을 찬미하는 시를 읊었을까.

"나는 차라리/ 돌고 돌아/ 개와 같이 살았으면… 개들은 삶에 땀도 흘리지 않고/ 불평도 않는다./ 어두운 밤/ 죄 때문에 우는 일도 없을지니…" 고된 일도 없고 불평도 없고 또 죄악감도 없으니, 따라서 부끄러움도 있을 수 없는 개의 삶을 부러워했던 이 시인의 노래는 부끄러움을 바탕으로 한 인간의 윤리적 가치와 양심을 확인하는 역설적 찬미다.

우리는 흔히 뻔뻔스러운 사람을 일러 "염치(廉恥)없는 ×"이라고 질타한다. 부끄러움을 모르고 사는 불량한 인격을 꾸짖는 소리다.

염치는 곧 양심이고 진실이다. 누구나 인격을 논할 때는 반드시 양심과 염치가 기준이 된다. 염치의 영역은 무한하게 넓다. 수줍음, 쑥스러움, 창피, 치욕, 불명예에 이르기까지 다양하다. 또 공적인 것과 사적인 것도 있다. 자의적 비굴과 타의적 굴종, 또는 지나친 군림과 추종도 포함된다. '몰염치'는 흔히 돈과 감투만을 바라고 사는 탐욕적 인간에게서 나타나는 아집과 독선적 증상이기도 하다.

염치야말로 창세기 이래 인간만이 터득한 최초의 윤리의식이다. 치욕에 대한 저항은 바로 염치수호정신이다. 염치는 양심으로 통하는 깨끗하고 조촐한 부끄러움을 뜻한다. 숱한 명언절구가 아니더라도 동서양의 제자백가(諸子百家)들은 염치가 무엇이며, 이 사회에 왜 염치가 긴요한 것인지를 명료하게 가르치고 있다. 그러나 오늘도 곳곳에서 몰염치들이 판을 치고 있으니 이를 어쩌랴. 최소한의 부끄러움마저 먹어치웠다.

부끄러움은 이제 졸부들의 가슴속에서만 콩닥대고 있다. 학교도 사회도 나라도 시대도 부끄러움을 가르치는 곳은 어디에도 없다. 오히려 지도층 집단들이 앞장서 염치를 요절내 짓밟고 있다. 염치를 가르쳐야 할 학교마저 '참교육'이란 미명의 이념공해로 오염돼 민주국가의 정체성을 무시하고 역사와 진실을 왜곡하며 파렴치 교육에 열 내고 있다. 이제 부끄러움을 누가 가르칠 것인가.

(2012. 10. 20.)

과연 누가 현명할까

산다는 것 대부분은 후회 쌓기다. 자고 깰 때마다 잘 살겠다고 다짐하지만, 하루 살고나면 또 하루가 후회로 쌓인다. 크든 작든 지나고 나면 늘 미련이 남는다.

"내가 판단착오였어." 또는 "그때 이 말을 했어야 하는 건데….", "조금만 나누어 줄 것을…." 굽이마다 기회를 놓쳐버린 후회다. 약해진 마음을 드러내는 고백이랄까. 뉘우침을 지펴대는 추억이랄까. 나이가 들면서 후회가 점점 잦아지고 커진다.

몸이 마음을 따라주지 못할 때는 더하다. 컴퓨터 자판기 앞에서 삼경을 헤매건만 내키는 문장 하나 만들어내지 못할 때도 그렇다. 앉고 일어설 때마다 뼈마디에서 세월의 소리가 들릴 때면 더욱 그렇다. 다시 시작해보고 싶다는 후회가 치민다. 허지만 이미 지나쳐버린 세월은 후퇴가 없다.

몸이 달아오를 만큼 뜨거운 열정과 희망은 없어졌어도, 또 뒤집어엎을 만큼 용기나 박력은 없어졌어도, 무지렁이처럼 우물우물 살고 싶지는 않으니 이 또한 부질없는 아집인가, 알량한 자존심인가. 날마다 새로운 날 연습 없이 사는 인생…, 석양 길에서 새어나오는 자조적인 후회가 어찌 나뿐일까. 스스로를 꾸짖어야 하는 현실이 원망스럽다.

나도 옛날에는 흐름에 동승하는 편안함보다 남다르게 역류해 보려는 고통과 인내를 자청해 보기도 했다. 하늘이 모두 내 것이고, 땅덩이가 모두 내 것처럼 희망과, 용기로 도전을 겁내지 않던, 핏발 솟구치는 청춘마당도 내 것이었다. 무한한 선택의 기회와 겨루기도 한두 번이 아니다. 그런 날들이 이제 모두 후회로 쌓일 줄이야….

자신의 미래를 아는 사람은 아무도 없다. 어떤 기준으로 판단하고, 또 어떤 기준으로 선택할까. 세월은 그렇게 오고, 또 그렇게 가는 것을 깨닫지 못했다. 콧노래 흥얼대며 오는 것만 같더니, 오는 것이 아니고 스쳐가는 소리였다. 모두 지나간 다음에야 마음속에 매듭되어 후회로 남는 것을 깨닫는다. 누가 "인생은 살아봐야 안다"고 했던가.

부귀영화 싫은 사람은 아무도 없다. 그거 하나 가져 볼 요량으로 아등바등 닦달하며 살다보니 나도 모르는 사이에 꿈도, 이상도, 세월도 모두 내 곁을 지나쳐버렸다. 그때부터 글쓰기에 좀 더 열심했더라면 오늘은 좀 더 당당했을걸…. 오늘이 좀 더 멋졌을 걸…. 지금에 와서야 또 하나의 후회를 쌓는다.

눈감고 부족한 지혜를 자책해 본다. 허기야 전지전능한 신의 세계에서도 선택의 실수는 있었다. 이미 창세기 때 아담과 이브가 에덴동산에서부터 사탄의 유혹에 넘어가 피할 수 없는 선과 악의 이분법은 시작되었다. 그때부터 사람들은 모두 두 갈림길에서 향방을 선택하는데 고뇌와 갈등을 겪어왔던 것 아닌가.

누구도 두 길을 한꺼번에 갈 수는 없다. 동쪽으로 가든지, 서쪽으로 가든지. 선택은 하나를 갖고, 하나는 버려야 한다. 무엇을 얻기 위해, 무엇을 포기해야 하는가. 선택은 바로 이해(利害)의 분기점이며, 선악(善惡)의 분기점이다. 큰일과 작은 일이 되고, 기쁨과 슬픔이 되기도 한다. 행복과 불행은 선택의 차이다.

때문에 선택의 기로에선 누구나 번민과 고뇌, 갈등과 후회가 따른다. 하기야 둥글게 살아도 언제나 반쪽은 그늘진다고 했다. 보람 뒤에도 또 한 가닥 후회가 따른다. 요즘 공짜를 소리치는 사람들이 부쩍 늘어났다. 뒷날 생각 없이 공짜교육, 공짜급식, 공짜의료 등 공짜 선호심리를 자극하기 위한 정치꾼들의 교활한 표심 호객행위다.

당장의 입맛에 유혹돼 우매한 범부 민초들은 속아 넘어가기 일쑤다. 세상에 공짜는 없다. 공짜 뒤에서는 누군가가 반드시 공짜의 대가를 치러야 한다. 공짜정책을 내걸고 생색내는 정치집단은 국민들에게 뒷날 반드시 후회를 안겨주게 되는 기만이고 사기다.

공짜를 선택할 경우 공짜만큼의 후회가 따른다는 사실은 분명하다.

선택의 기로는 순간이지만 그 울림은 반드시 희비(喜悲)가 교차한다. 사안의 경중에 따라서 희비도 비례한다. 선택을 결정하는 순간의 판단은 무게나 깊이를 알 수 없다. 다만 수양으로 훈련된 내면의 지혜만이 가늠할 뿐이다. 떠오르는 햇빛을 바라보며 재기의 깃대를 꽂는 사람도 있지만, 나는 이제 그 짓도 못한다.

때문에 나 같은 졸부들은 선택의 앞에만 서면 온통 고민과 갈등으로 흔들린다. 오늘 내가 살고 있는 현실의 후회는 모두 과거에 있었던 선택의 결과다. 앞으로 내가 얼마나 더 선택의 기회를 맞이할까? 나도 모른다. 나머지 사는 동안에도 어쩔 수 없이 수많은 선택과 흥정을 해야 한다.

친구와 친구끼리, 이웃과 이웃끼리, 또는 나 스스로에게서도 선택의 갈등과 번민을 겪어내야 한다. 물질은 윤택하지만 마음은 항상 황폐한 불행도 있고, 물질은 가난해도 마음은 언제나 부자 같은 행복도 있다. 선택의 지혜, 과연 누가 현명할까.

(2012. 11.)

삶은 운명이던가

늦은 봄비가 부슬부슬 내리는 날 대전 복합터미널 대합실은 만원이었다. 전국 각지에서 몰려든 행락객들이 쏟아내는 고성 잡담들까지 어우러져 마치 사투리 박람회장이다. 게다가 곳곳마다 설치된 TV소음, 사람 찾는 확성기소리, 버스 발착시간 알리는 안내방송까지 꼬리 물고 합성되니, 늦은 봄, 비오는 날 대합실 풍경은 불쾌지수까지 끈적댄다. 문명을 떠들지만 대합실에 모여든 아수라장 행태는 옛날과 별로 다르지 않다.

내가 기다리는 서산 행 직행버스 출발시간은 아직도 40여 분이나 남았다. 따끈한 자판기 커피 한잔 뽑아들고 빈틈 찾아 창가 구석진 의자에 앉는다. 옆자리에는 행색이 초라한 청년이 생각에 빠진 로댕의 철상(鐵像)처럼 턱을 괸 자세로 앉아 미동도 없다. 활력이 넘쳐야 할 청년에게 무슨 고민, 무슨 갈등이 저리도 무거울까.

돌아선 사람의 등을 볼 때처럼 괜시리 궁금해진다. 사노라면 누구나 혼자만의 세계에 몰입하기도 예사다. 하지만 무엇인가 골몰한 청년의 심각한 모습에서 나 또한 부질없는 감성으로 무거워지는 것은 창밖에 내리는 봄비 때문만이 아니다. 언뜻 보아도 청년의 행색이 평범하지는 않다.

청년시절 갈등 무겁던 내 모습이 겹친다. 군에서 막 제대하고 나와 배움과 취업문제로 갈등, 고민하던 때다. 독일로 파견하는 광부 지원을 해놓고 부모님의 만류에 부닥쳤다. 아무에게도 사전 상의 없이 나 혼자만의 판단으로 저지른 일인데다, 큰아들을 이국 만리 탄광으로 보낼 수 없다는 부모님의 절박한 만류로 결국 포기는 했지만, 빈곤과 배움 사이에서 고민은 한동안 나를 방황케 했다.

나는 별것도 아닌 일에 쉽게 흔들릴 때가 많다. 짊어진 내 문제뿐만이 아니라, 옆 사람이 자기 혼자 감당치 못하는 일을 쳐다보면 덩달아 휘청대기 일쑤다. 행동이 따르지 못하는 말은 차라리 침묵하는 것만도 못하다는 것을 뻔히 알면서도 곧잘 말 걸기를 자청한다.

"청년은 무스 생각을 그리 깊게 하시오." 힐끔 쳐다보는 눈빛에는 충혈된 번민이 가득하다. 괜스레 말을 걸었다 싶을 만큼 표정이 날카롭다. 젊은이가 혼자 몰입하고 있는 고민, 갈등의 세계로 동행하고 싶은 충동은 어인 일일까. 50여 년 전 내 생각 때문?

얼른 일어나 자판기에서 또한 잔의 커피를 뽑아들고 청년 앞으로 다가선다. 그에게서 단절돼 있는 한 줄기 소통의 길이 필요할 것 같아서다. 내 청년기의 체험이 환청(幻聽)과 환영(幻影)되어 바쁘게 교차한다. 소통의 단절은 고민과 갈등을 키우기 마련이다. 또 무거운 단절감에 갑갑증이 일어나 어딘가에 머리라도 부닥치고 싶은 울분이 따르기도 한다. 누가 한 줄기 새바람을 넣어주지 않으면 우울증 폭발로 예기치 못한 커다란 사건사고까지 불러올 수도 있다.

부풀어 폭발할 것 같은 청년의 고민과 갈등에도 누군가 작은 소통의 길 하나만 터준다면 새 희망의 동력으로 바뀔 수도 있다는 생각이 언뜻 스친다. 드러내지 못한 침묵 속에 감춰진 언어를 찾아 소통의 길을 만들어주는 일은 좋은 일이라는 생각도 교차된다.

"젊은이! 우울할 때는 커피 한 잔도 약이라오." 말을 걸며 종이컵을 내민다. 청년은 고개를 들고 충혈된 눈빛으로 피곤하다는 듯, 나를 다시 쳐다보더니 커피 잔을 받는다. "할아버지는 어디를 가시나요." 찢어진 음성이 무겁다. "모처럼만에 옛 고향을 가보려고 나섰는데 공교롭게 비가 내리니…." 드디어 소통의 길은 열리기 시작했다.

교감의 정(情)은 한 발자국씩 더 다가선다. 드디어 청년의 가슴속에 응어리진 고민과 갈등의 사연이 조금씩 녹아내린다. "실업자로 9개월간 떠돌다보니 '당신은 무능력자'란 편지 한 장 남기고 4개월 전부터 동거하던 중국교포 여인이 집을 나간 지 오늘로 26

일째"라는 것이다. 오는 10월에 결혼식 올려주겠다고 들떠있던 고향 부모님들의 걱정이 이만저만이 아니라는 효성의 눈물까지 글썽인다.

침묵을 깨고 세상 밖으로 튀어나온 31세 청년의 고민스런 언어들이 시끌벅적한 대합실 바닥으로 추적추적 깔린다. "삶이란 언제나 행복만이 계속되는 것도 아니고, 또 불행만 계속되는 것도 아니지, 가끔은 불행이 있어야 행복의 가치를 깨닫는 것이라네." 늙은이의 고답적인 충고가 사랑 잃고 서릿발 돋친 젊은이의 귓가엔 마이동풍인가.

"찾아야겠다는 생각만으로 무작정 터미널까지는 왔으나, 전국 각지로 뻗어 있는 노선안내도를 쳐다보니 어디로 가야 찾을지 더욱 막연해지네요." 청년의 낙담에선 고민 갈등을 넘어 여인에게서 배신당한 분노까지 솟는다.

"젊은이, 저 비 그치면 세상은 더욱 싱그러워질 걸세, 오늘의 불행이 내일의 행복일 수도 있어…."

안타까운 말 한마디 전하고 청년과 작별한다. 어둠은 빛을 달고 온다는데, 사정 딱한 청년에게 새로운 행복은 없을까. 부질없는 고뇌가 빗물되어 달리는 차창 타고 흩뿌린다. 사랑이란 이름 속에 존재하는 증오, 이 또한 고민과 갈등으로 젊어져야 할 삶의 운명이던가. 봄비 계속 뿌려대는 차창에 그 청년이 어른거린다.

(2014. 5. 21)

그림자 친구삼아

동장군의 매서운 칼바람에 앙상한 나뭇가지들이 음산하게 울어댄다. 낙엽의 영혼들도 의지할 곳 없어 이리저리 방황한다. 겨울에도 푸르러야 하는 사철나무의 고통인들 오죽할까. 춘하추동 사계절 윤회하는 세월의 섭리는 참으로 오묘하다. 생사가 그 속에 있고, 흥망이 그 속에 있으니 말이다. 또 섭리 속에는 찬성과 반대도 없고, 아집과 독선도 없다. 오로지 '곧이곧대로'의 순리와 진리뿐이다.

부대끼는 일들이 많고, 생각이 정리되지 않을 때 나는 가까운 보문(寶文)산을 자주 찾는다. 오늘 같은 추위에도 보문산 순환도로 한 바퀴 돌고나면 앙금처럼 탁해진 마음이 맑게 정화되는 느낌이다. 산은 1년 4계절 언제나 자연의 영혼으로 충만하다. 꽃피고, 잎 피고, 단풍들고, 낙엽지고, 눈 덮이고…. 신비스런 조화가 질서정연하게 윤회한다. 서있는 듯 변화하는 정취가 늘 새롭다. 사계절 하루도 쉼 없이 변화한다.

모든 것을 침묵으로 포용하고 동화시켜, 내 것으로 만드는 지혜가 산속에 있다. 오늘도 말없이 따라오는 그림자 하나 데리고 산길을 걷노라면 무수한 생명들의 소리가 신비롭다. 어떤 때는 발밑에서 푸드덕 날아오르는 산비둘기 날갯짓에 동행하던 그림자까지 깜짝 놀라 주춤한다. 산은 겨울에도 살아있다. 소리는 내지 않지만 진리가 우렁차다. 죽은 듯, 메마른 나무에도 수맥이 쉼 없이 돌고 있다. 마른 풀숲에도 미래의 생명이 살아 있다. 저쪽 능선에서 야호! 를 외치는 등산객들의 호연지기가 혹한의 산자락을 흔든다.

올라갈수록 시야가 넓어진다. 때문에 사람들은 산에 들면 대부분 정상을 향한다. 멀리 보고, 넓은 생각을 갖기 위해서다. 정상이 높을수록 계곡은 깊어진다. 덕망이 높을수록 생각이 깊어지고, 짊어진 책임이 무거울수록 권력은 높아지는 삶의 이치를 연상케 한다.

내가 즐겨 찾는 보문산 순환도로는 능선과 계곡의 지형 그대로 산허리 따라 만들어져 쉽게 걸을 수 있는 산책로다. 정상에 오르면 하늘이 잡히건만, 항상 낮은 곳에서만 살아온 내 그림자가 "분수대로 살라"며 정상가는 길을 막는다.

꼬불꼬불 산책길 따라 걷노라면 그게 바로 내 인생길인가 싶다. 이룬 것도 없지만, 그렇다고 빼앗겨 좌절한 적도 없다. 하루도 건너뛰거나 빼먹은 일 없이 희로애락 풀고 감으면서 열심히 살아왔다. 생애구책의 현장에서 굽이굽이 찾아드는 번민과 고뇌, 갈등인들 어찌 없었겠는가. 항상 나를 따라다니는 그림자는 다 안다.

산길을 걷다보면 언뜻언뜻 스치는 깨달음 하나씩 줍는다. 하루도 똑같지 않은 변덕스러운 기상을 동화시켜 오히려 성장의 양분으로 삼는 커다란 나무들의 지혜도 체감한다.

곧이곧대로 자연의 진리가 어우러진 산길은 그래서 좋다. 환영도 없지만, 거부도 없다. 맞이하고 헤어짐이 언제라도 자연스러워 전연 부담감이 없다. 소리는 없어도 수없는 생명의 대화가 들린다. 어떤 잘못도 용서하고 감싸준다. 욕하고 불평하고, 탓함이 없다. 부자도 없고 가난도 없이 서로가 어울려 상생한다. 군림도 없고, 추종도 없지만, 공존하는 질서가 정연하다. 어둠 내리면 조용히 물러서 있다가, 어둠 지나면 여명 따라 그 자리에 다시 앉아 인간들의 애환을 끌어안는다.

산은 그렇게 너그럽다. 처음 찾는 사람이나 자주 찾는 사람이나 구별치 않는다. 악한 사람도, 착한 사람도 차별 없이 받아들인다. 산은 언제나 살아있어 좋다. 사계절 생명의 화음들이 쉼 없이 울려난다. 또 산길에는 무한한 사색이 있다. 하늘이 있고, 구름이 있으며 해와 달이 하루도 어김없이 스쳐 지나 밤과 낮을 만들고, 바람소리 세월소리, 그리고 인고와 희열이 스치는 인간의 소리들까지도 끊임없이 이어진다.

굴러다니는 낙엽들을 밟고 걷노라면 아스라이 멀어진 추억들이 상념으로 살아난다. 시리도록 파란 창공을 올려다보면 미처 다하지 못한 초록의 영혼들이 금방이라도 수정알 되어 쏟아질 듯하다.

그림자 친구삼아 중얼중얼 혼자 걷는 겨울 산길…. 길옆 바윗돌에 잠시 걸터앉아 쉬노라면 산 아래 길게 누운 갈색 제방너머 텅 빈 들판까지도 상념의 대상이 된다. 그동안 내가 살아온 길, 또 앞으로 내가 살아갈 길은 얼마나 되고, 종착역은 어디쯤에 있을까. 나도 모르는 세상에 태어나, 나도 모르는 세상을 살다가, 나도 모르는 어딘가로 떠나야 한다.

가면을 벗고, 허세도 버리고, 그리고 철없이 살아온 인생 이력서를 불쏘시개 삼아 이제라도 허구와 위선을 태우기 위해 진실의 불을 지펴보자고 다짐한다. 내 몸과 내 영혼 속에서 삶과 함께 형성된 내 자신의 모습과, 또 주변의 낯익은 얼굴들을 진실의 불빛으로 다시 비추어보고 싶다. 그리고 한때 정열과 사랑, 미움으로 만들어진 번뇌들을 털어내야 한다.

비워낼 수록 빈곳이 아리고, 채울수록 채운 곳이 아려지는 산길의 상념들…, 석양에 길어진 그림자가 이제 그만 내려가잔다. 겨울바람이 칼날이다.

(2014. 1. 6.)

바로 그게 인생의 한계

불가에서는 "비우라"고 가르친다. 욕심도, 번뇌도 모두 버리라는 것이다. 인생은 "공수래공수거(空手來空手去)"라고 했다. 올 때도 빈손, 갈 때도 빈손이라는 의미다. 그러나 비운다는 게 어디 그리 쉬운 일이던가. 부처님만이 깨우친 해탈의 경지이거늘…. 본능마저 거부해야 하는 처절한 수행 없이는 누구도 쉽게 찾아갈 수 없는 천로역정이다.

생애구책의 현장에서 울고, 웃기를 반복하며 애환으로 몸에 밴 중생의 일상이란 '비우기(무소유)'가 '채우기(소유)'보다도 더 어려운 고난이다. 더구나 이기주의가 넘치는 오늘의 세태에서 내가 가진 것을 남에게 준다는 것은 어쩌면 형벌에 다름없다. 가진 자는 더 갖기 위한 욕심으로, 못가진 자는 가진 자에 대한 상대적 박탈감까지 합쳐지면서 누구에게도 비우고 버려야 할 마음의 수양이 없으니 말이다.

삶의 굽이마다 자글대는 정신적 갈등, 물질적 고통은 한두 가지가 아니다. 왜 훌훌 털어버리고 싶지 않을까. 인연으로 끈적대는 미련 한 가닥이 끈질기게 붙잡고 늘어진다. 비우면 반드시 채워진다고 하지만, 범부중생들에겐 귀 밖으로 스치는 마이동풍일 뿐이다.

태어날 때 사람들 마음은 누구나 하얀 종이와도 같다. 글을 쓰든, 그림을 그리든, 종이의 가치는 쓰임에 따라 달라진다. 독자를 감동시킬 글 몇 구절로 대대손손 빛나는 가보가 될 수도 있고, 잘못 쓰여지면 순간에 구겨져서 쓰레기통으로 들어갈 수도 있다. 삶의 운명도 비슷하다. 어떤 생각, 어떤 마음으로 사느냐에 따라 인격형성에 차등이 생긴다. 소유와 무소유의 진리, 그 또한 어찌 다르랴.

깜빡 잊었다가도 어느 순간 되살아나서 고삐를 죄는 게 그놈의 욕심이다. 하기야 욕심 없는 삶이 어디 있을까. 그래서 합당한 소유는 무소유로 인정한다. 완전한 무소유는 없다. 생명을 가지는 것, 도덕을 쌓으려는 것, 자비와 사랑을 갖는 것도 일말의 소유가 아니던가.

지나침이 문제다. 정(情)도 많으면 병이 된다. 소유의 지나침은 욕심이고, 무소유의 지나침은 죽음이다. 비우라고 하면서도 더욱 채우고, 버리라고 하면서도 더욱 잡아당기는 집착. 갈등, 번뇌를 무겁게 짊어지고도, 이게 바로 인생이 벗어날 수 없는 삶의 실체이고 현실임을 되뇌고 있으니, 무소유는 불가사의한 형이상학적 이론뿐이던가.

모양마냥, 성격마냥 사람마다 욕심도 다르다. 똑같은 어둠과 똑같은 밝음 속에 태어나 같은 하늘 아래 같은 공기 마시며, 똑같은 시공 속에 살면서도 내면에 실존하는 욕심과 집착들은 각자가 다르다. 욕심의 규모 또한 누가 측정하고, 누가 환산하랴.

올해도 벌써 열두 달을 다한다. 영원을 추구하는 삶의 욕심에도 세월은 아랑곳없다. 물끄러미 하늘을 올려다보노라니 스치는 구름들이 바쁘다. 산사의 문장가 법정은 "인생은 구름 한 점 생겨나고 흩어짐과 같다"고 했다.

나는 오늘도 상념(想念) 하나 데리고 산책길로 향한다. 점심 공양예불을 알리는 고축사 종소리가 보문산 능선을 따라 먼 계곡으로 굽이굽이 사위어든다. 크고 작은 세상사 인연들이 비운 만큼 다시 채워지는 이치의 설문인가. 초록빛 무겁도록 가진 잎 모두 떨어내고 비워버린 늦가을의 산길은 그래서 소유의 다른 이름으로 다가온다.

밟히는 낙엽 속에서 크고 작은 망실(忘失)의 허전함이 묻어난다. 하늘을 향해 억척스레 기어오르던 칡넝쿨마저도 욕심을 비운 듯, 마른 잎 툭툭 떨어내며 한 생의 매듭을 짓고 있다. 세월의 물살에 밀려 무심코 흐르다가 문득 깨달음의 문턱에서 비로소 한숨짓는 인간사와 어찌 다르랴.

소유만을 추구하며 욕심으로 살아온 날들이 주마등처럼 스친다. 멀어진 추억의 편린들을 만지작거린다. 소유와 무소유는 내면의 마음속에서 함께 살고 있다. 진실과 위선도 한 몸 속에 동거한다. 행복과 불행의 추억이 서로 비움과 채움으로 교차하며 갈등과 번뇌로 밀려든다.

가랑잎 구르는 소리 하나에도, 나뭇가지 끝을 스치는 바람소리에도 마음이 흔들리는 연약한 존재가 됐다. "너는 네 자신을 아는가?"라고 누가 말했던가. 내가 알 수 있는 것은 "태어났기 때문에 죽어야 한다."는 사실 하나뿐이다. 그러나 우리는 죽음을 생각하지 않는다. 오직 삶에만 집착하고, 소유만 집착하는 욕심뿐이다.

욕심과 집착은 인간의 역사다. 보다 많은 몫을 차지하기 위해 끊임없이 싸우고 있다. 더 갖기 위한 욕심 때문에 역사는 언제나 경쟁과 전쟁으로 출렁거린다. 인간이 만들어내는 기술문명도 알고 보면 모두가 소유를 위한 욕심이다. 돈, 명예, 권력, 이성에 매달리는, 이 무한한 집착은 무한한 갈등이고 또 끝없는 전쟁이다.

백 년도 못살면서 무겁게 짊어진 천 년의 욕심…. 하지만 우리는 끝내 빈손으로 간다. 바로 그게 인생의 한계다.

(2011. 11.)

너도 이제 백발이 성성하구나

계사(癸巳)년 첫 추위가 영하권을 맴돌던 11월 28일 오후시간이다. 큰아들놈이 가족들 떼어놓고 혼자서 예고 없이 불쑥 찾아왔다. 아들 만나는 부모 마음이야 반갑지만, 언제나 이런저런 걱정 달고 사는 것 또한 부모 마음이 아니던가. 주말도 아닌 평일인데다, 어수선한 정국 때문에 재계(財界)에 미치는 영향도 만만찮은 시기라 "무슨 일이 있느냐?"며 얼굴부터 살폈다. "마침 회사일로 옥천까지 출장 왔던 길에 잠시 들렀다."는 설명이다.

뽀얗던 얼굴빛도 이젠 옛날 같지 않다. 더구나 내년 학기부터 딸은 대학 가야 하고, 아들놈은 고등학교 가야 하는 시기까지 겹쳐, 등짐이 무거울 것을 생각하니, 오늘따라 아들의 얼굴빛이 더욱 수척해 보인다. 애비노릇이 어디 그리 쉬운 일이던가. 유형무형의 책임은 얼마이고, 게다가 무한의 도리(道理)까지 짊어져야 하니, 무에 그리 낙낙할까….

옛말에 "제 자식 키워봐야 부모 마음도 안다."고 했다. 여러 차례 암시를 했지만, "부모 마음 같지 않은 게 자식들 마음인 것"을 저도 이제 깨닫는 눈치다. 허구한 날 애들 같이만 생각되던 아들이 어느새 불혹을 지나 지천명의 나이가 됐다. 가난 때문에 고향을 떠나와 타향객지에서 어렵게 저희들 형제를 키우고 가르치며 오늘에 이른 이 애비의 처지를 아들이 이해는 하겠지만, 아무 것도 힘이 되어주지 못하니, 이 애비 마음 또한 무겁다.

철모를 땐 나도 부모를 원망해 보았고, 가난도 원망해 보았다. 지금 내 아들 마음속에도 부족한 이 애비에 대해 가슴에 쌓아둔 원망인들 어찌 없으랴. 어떤 변명으로도 아들의 생각을 가로막거나 덮어버리고 싶지는 않다. 그러나 아들 앞에서 '정직'이란 자존심 하나만은 흐트러짐 없이 지켰다. 신문기자로 살아오는 과정에서 때로는 호기심도 충동질했고, 검은 유혹도 한두 번이 아니었지만….

새삼 지난날이 떠오른다. 60년대 말, 젊음 하나만 가지고 대전으로 와서 오늘의 아파트로 들기까지 월세, 전세 11차례나 이사를 다녔다. 지금은 충무체육관이 들어서고 대전의 도심지가 됐지만, 내가 대전생활에 첫발을 디딜 당시 대사동의 첫 번째 월세방은 연탄재 쓰레기매립장에 지어진 흙벽돌집 문간방이었다.

시골에 사시던 아버지가 와보시고 밤새 잠 못 이루신 채, "젊어서 고생은 사서도 해야 한다."는 말씀 한마디 남기신 채 새벽길

한숨으로 되돌아 가시던 모습은 지금도 선하다. 내 자신을 돌이켜 봐도 초라하던 추억들이 주마등처럼 스친다.

공무원에서 신문기자로, 신문기자에서 도의원으로 변신하기까지 굽이마다 얼룩이 진 삶의 시련들은 또 얼마였던가. 그런 애비 밑에서 큰 탈 없이 성장해서 오늘날 재벌기업 중견임원으로, 또 중견 공직자로서 제몫을 다하고 있는 두 아들이 대견하다.

내 생애 중에서 가장 고난의 시기는 공무원직 박차고 나와서 신문기자 직업으로 전환하기까지 근 1년간의 고통이었다. 석교동 동명중학교 옆 산비탈 쪽방촌에서 살 때였다. 아내가 대화공단 복숭아통조림공장에 취업해 생활비를 조달했으니, 초등학교 입학한 아들에게 용돈 한 푼 쥐어줄 여유가 없었다.

누구 만날까 두려워 나는 거의 밖에 출입을 억제하고 방구석에 처박혀 살았다. 햇빛 밝은 어느 늦은 봄날이었다. 담장 너머로 골목길을 물끄러미 내려다보고 있노라니, 초등학교 1학년인 큰아들이 책가방도 무거운 듯, 허기져 생기 잃은 채 힘겹게 타박타박 비탈길을 걸어 올라오고 있는 애처로운 모습이 보였다.

못난 애비 때문에 어린 아들까지 생기를 잃었구나 생각하니 주먹 같은 한이 목울대를 치밀고 올라왔다. 또 어떤 날은 구멍가게 앞에서 군것질하며 재잘대는 이웃집 애들이 부러운 듯, 길갓집 양철대문 앞 계단에 멍하니 쪼그리고 앉아있는 아들 모습이 보일 땐, 차라리 방문 닫고 들어앉아 혼자 울었다.

그럴 때마다 어린것 마음에 작은 호기심 하나 채워줄 수 없는 '가난한 애비는 죄인'이라는 자학(自虐)이 나를 얽어눌렀다. 심지어는 여러 날 밤을 두고 생존의 이유를 고민한 적도 있다. 그 때마다 시골에서 오매불망 자식, 손자 걱정하고 계실 늙으신 부모님 얼굴이 환영되어 교차했다.

그때 내 가슴속에 각인된 한은 인두자국이 되어 지금까지도 흉터처럼 남아있다. 이웃집 애들 군것질에 정신 팔려 남의 집 대문 앞에 멍하니 쪼그리고 앉아있던 아들을 불러들여 구구단 못 외운다는 구실로, 어린것 종아리에 가혹한 매질을 해댄 생각은 지금까지도 지워질 수 없는 한이다.

매 맞는 아들도 울고, 때리는 나도 울었다. 지금 생각해도 어린 아들에게 못난 애비의 대리자학(代理自虐)이었다. 세발자전거 하나를 못 사주었고, 맛있는 음식 한번 못 사주었으며, 어리광 한번 못 들어준 게 지금까지도 죄 같은 한으로 뭉쳐있다. 어린 아들 마음인들 못난 아버지를 얼마나 원망했을까….

그렇게 자란 아들나이가 벌써 지천명을 넘어서다니…. 저도 이젠 자식 낳아 기르고 가르치며 애비노릇 하다 보니, 과거 성장기 마음속에 맺혔던 이 애비의 심정도 조금씩은 이해될 것이다. 아버지가 아들 낳고, 또 그 아들이 다시 아버지가 되고…. 그게 바로 핏줄로 이어지는 인연이고, 세대 간의 윤회가 아니더냐.

이 애비보다는 네가 더 잘돼야 하고, 또 너보다는 네 자식들이 더욱 잘되길 기원한다. 아버지 인생은 이제 기력도 능력도 황혼기다. 너희들에 대한 마음의 기도뿐이다.

"내 아들과 손자손녀들의 삶을 평안하게 하소서. 때로는 폭풍이 몰려와도 굳건하게 해주시고, 고난이 닥쳐도 더욱 성숙하게 해주소서. 건강을 주소서. 용기를 주소서. 내 삶과 내 생각에 얽매여 정직을 잃고 위선(僞善)의 노예가 되지 않게 하소서. 부질없는 욕심에 현혹돼 가풍으로 지켜온 정직이 허물어지지 않게 해 주소서…. 신이시여!"

너도 이제 백발이 성성하구나. 인생이란 무엇인지 깨달을 때다. 과거는 어떻게 살아왔고 또 미래는 어떻게 살아야 하는지를 네 아들과 딸에게 가르쳐줘야 할 때다.

(2013. 11.)

정녕코 3월은 오는가

"산 너머 남촌에는 누가 살길래/ 해마다 봄바람은 남에서 오나…." 60년대를 구가하던 유행가다. 내 정서가 고착된 탓일까, 가수의 음색도 예뻤지만, 가사(歌詞)로 된 파인(巴人) 김동환의 시가 더욱 서정적이었다. 잔설이 채 녹기도 전인 3월초쯤부터 양지쪽 햇볕 밝은 날이면 시골장터 전파상 골목마다 가득하게 울려 퍼지던 추억의 봄노래다.

옛부터 3월은 '춘래불사춘(春來不似春)'의 계절이라 했다. 선인들은 봄이면서도 봄 같지 않은 계절을 읊었다. 겨울의 끝과 봄의 초입에서 북녘의 동장군과 남녘의 화신이 서로가 영역 다툼하는 환절기다. 꽃바람 타고 오는 남녘의 화신을 막기 위해 북녘 동장군의 몽니횡포가 꽃샘추위에 황사바람까지 뿌려대는 불확실성 미몽(迷夢)의 계절이다.

그러나 '봄은 봄'이다. 2월의 달력이 뜯겨져나간 자리에는 영락

없이 3월이 앞장선다. 자연 속엔 생명의 경이로움이 넘친다. 앙상하던 고목들의 우듬지까지 연두색 고운 꿈들이 아련하다. 동토에 새움이 트는 정경은 언제 봐도 신비다.

남녘으로 이어진 호남선 철도변에 길게 심어진 개나리 꽃나무에 노란빛 앙증스러운 꽃망울들이 주저리지게 매달리고, 유등천 양편 버들강아지 토실한 회색빛 꽃망울도 한껏 부풀어 남풍타고 올라오는 화신(花神) 마중채비에 부산하다.

누가 이 땅에 찾아오는 봄의 섭리를 부정하고 거부할까. 건너산 기슭 언덕아래엔 아지랑이 아롱대고, 동장군의 혹한에도 여전히 푸르던 밭둑 사철나무의 고독도 시나브로 녹여지고 있다. 산야가 온통 움트고 싹트는 생명의 소리들로 수런댄다. 삭풍에 울던 버드나무 가지도 연초록 잎눈 터뜨리며 훈풍 따라 너울춤이다.

겨우내 음산하게 움츠렸던 아파트단지도 밝아진 3월 햇살에 생기가 넘친다. "산지(産地)에서 직접 수송해온 꼬막이오! 꼬막…" "제주도에서 갓 잡아 공수된 은갈치요, 은갈치…" 트럭행상들의 호객방송이 떠들썩하다. 목련꽃 나무도 가지마다 커다란 붓끝처럼 뽀얀 봉오리 한껏 부풀려 벙긋대고 있다.

나이 탓인가. 봄만 되면 어릴 때 고향풍경이 환상 타고 스친다. 동쪽으로는 갓고개, 서쪽으로는 방고개, 북쪽으로는 쥐뿔재를 넘지 않고는 왕래할 수 없던 서산(瑞山)의 오지, 용암동 마을에서 내가 태어났다. 산세가 승천(昇天)하는 용을 닮았다는 유래로 이름 지어진 비룡산(飛龍山)이 동네를 지켜주던 주산(主山)이었다.

정상엔 거대한 쉰질바위가 사시사철 수호신처럼 눌러앉아 묵언참선으로 안녕을 지켜주던 동네였다. 병풍이듯 3면은 산으로 에워싸였고, 남쪽으로 트인 계곡에는 풍전 저수지가 막혀 있어 육지 속의 섬마을이었다. 오지산촌마을 내 고향의 봄 풍경은 그래서 더욱 잊혀지지 않고 아련하다.

유령의 신음이듯 겨울밤 얼음 갈라지는 소리로 음산하던 풍전 호반에 어느새 금빛물결이 찰랑대는 3월이면 내 고향 풍경은 동요가사처럼 가경(佳景)이었다. 복숭아꽃 살구꽃 아기진달래가 흐드러져 가난했지만 동네가 온통 꽃 대궐이었다. 푸석한 초가지붕 옹기종기 맞대고 앉아 30여 가구 이웃들이 정답게 살았다.

어쩌다 밀가루 버무린 쑥개떡이라도 만드는 날이면 봄빛 밝은 토방에 모여앉아 이웃들 서로가 한 쪽씩이라도 나누어 먹던 인정들은 꽃빛보다 더 곱고 아름다웠다. 뒷산까지 쩌렁하게 울려 퍼지던 붉은 장닭의 고고한 울음소리가 점심때를 알리면 삶은 고구마 몇 뿌리에 동치미 한 양푼으로 허기를 때우던 가난들….

3월쯤이면 동네가 모두 춘궁기(春窮期)였다. 논둑 밭둑을 헤집고 다니며 이제 겨우 새싹 내미는 풀뿌리 캐어다 된장 싱겁게 버무린 나물무침으로 끼니를 때우기도 예사였다. 그래도 3월의 햇볕은 평안과 안식을 몰고 왔다. 오랜만에 덕석 벗고 마지로 나온 황소는 되새김질마저도 귀찮은 듯, 커다란 두 눈 지그시 감은 채

마냥 게으름에 취했다.

또 뜰안엔 둥지에서 막 내린 햇병아리 식구들로 가득 찼고, 마당가 잿간아래 무종다리 노란 꽃 환하게 피어나면, 강남 갔던 제비들도 어느새 옛집 찾아와 뜰안 빨랫줄이 늘어지도록 봄 이야기 지줄댔다. 훈풍불어 사래긴 밭 보리이랑이 청록빛 진해질 때면 종달새들도 신나게 창공을 누볐다.

3월이면 어머니는 유난히도 바빴다. 툇마루 천정에 매달아 띄운 메주 떼어내려 소금물에 장(醬) 담그는 철이다. 장 담그는 날은 "우리 식구들 1년 양식"이라면서 '좋은 맛' 내기를 기원하는 어머니 의식도 엄숙했다. 메주 담근 커다란 항아리가 뒤란 장독대에 앉으면 버선모양의 창호지를 오려붙이고, 청솔가지 사이에 검정 숯, 붉은 고추, 끼워 만든 금줄까지 둘러 잡신 접근을 금하는 치성도 빼놓지 않았다.

3월은 올해도 어김없이 돌아왔다. 그러나 내가 어릴 때 내 고향 3월의 정경은 아니다. 헐벗고 배고팠어도 이웃끼리 나누던 인정도, 풍경도 사라졌다. 문명과 풍요가 앗아갔나. 먼 전설이 되고 말았다. 된장 간장 고추장도 공장에서 생산되고, 닭도 계란도 모두 대단위 산업시설에서 생산된다. 이제는 의식주(衣食住)가 남아돌아 문제다. 그런데도 행복을 노래하는 사람은 아무도 없으니, 이 세상에 정녕코 3월은 오는가.

(2015. 3.)

누가 4월을 초대했나

벌써 4월의 첫날 아침이다. TV에서 오후부터 전국적으로 5~10㎜정도 봄비가 내린다는 반가운 예보다. 움터야 할 새 생명들의 환호성으로 대지가 온통 들썩이는 듯하다. 창문을 열고 하늘을 올려다본다. 어제까지 싸늘하던 바람의 촉감도 훈풍으로 무디어졌다. 화단에 서있는 메마른 석류나무 가지 끝마다 물방울이 조롱조롱 매달렸다. 안개도 아니고, 비도 아닌 자욱한 이슬비 속에 우윳빛 백목련 꽃잎들도 밤새 흐드러지게 피워냈다.

모처럼 봄비 좀 맞아보겠다는 들뜬 심사에 빛바랜 낭만 한 보따리 담아들고 우산도 팽개친 채 혼자서 집을 나선다. 굳이 갈 곳도 없고, 오라는 곳도 없지만 발길 따라 퇴미 고갯길을 추적추적 걷는다. 어느새 언덕길 양편에는 샛노란 민들레, 개나리, 연분홍 살구꽃들이 흐드러지게 피어나 새봄맞이 굿판이 호들갑스럽다. 꽃샘추위 황사바람, 춘래불사춘(春來不似春)이던 동장군의 몽니심

술도 화신 앞엔 어쩔 수 없다.

오늘을 위해 초목들이 혹한 속에서 얼마나 많은 시달림을 당했을까? 생사고락을 순환케 하는 자연의 섭리 한 가닥이 깨달음으로 다가선다. 시커멓던 고목에서도, 또 삭풍 울어대던 마른 가지 끝에서도 생명의 기운들이 수런댄다. 시멘트 옹벽 틈새에서도, 아스팔트 틈새에서도 새싹 틔우는 여린 풀잎들의 아우성이 들리는 듯하다. 식물이든 동물이든 소생하는 생명들의 울림은 희망이다.

수탈과 억압으로 고통 받던 일제식민치하에서 해방된 게 우리 역사가 아니던가. 어린 나이였지만 그때 천지를 진동하던 선대들의 만세소리는 지금도 먹먹하다. 혹한과 동토의 천지에도 해방의 환희가 우렁차다. 봄바람에 실린 해빙(解氷)의 소리들이 들릴 때면 낯익었던 현실이 갑자기 낯설어지기도 한다. 연초록 싱그러운 물감이 이슬비에 젖어, 온 세상으로 번지는 듯싶다. 머지않아 펼쳐질 신록의 세상은 생각만으로도 감동이다.

이슬비 내리는 날 메마른 나목의 표피를 헤집고 어기차게 돋아나는 생명의 신비를 유심히 지켜 보노라니, 그동안 내가 겪어온 역사의 시간들도 덜커덩 소리 내며 추억으로 스친다. 섭리 따라 변하는 계절은 새해에 다시 돌아올 수 있지만, 계절 따라 변화하는 인생은 다시 돌아올 수 없다는 생각은 왜 못했을까. 남의 잘못에 흉보기는 예사이면서, 정작 내 잘못, 내 무지는 깨닫지 못하고 살았다. 계절은 윤회해도 세월은 직진뿐이다.

문명과 풍요가 넘칠수록 인간의 정신과 생각은 점점 메말라지고 있다. 삶에도 봄날이 필요한 이유다. 가끔은 어제 세상과 오늘 세상의 차이에 내 좌표가 혼란스럽다. 문득문득 부질없는 환상에 사로잡힐 때가 있다. 어느 때는 환상이 눈에 보이는 현실보다도 더 사실적일 때도 있다. 지난세월을 곱씹어본다. 이슬비 내리는 봄날의 산책길에서 엉뚱한 사색까지 걸머진 채 내가 나를 찾아 헤맨다.

축축해진 옷차림에 찻집도 술집도 들어설 곳이 마땅치 않아 그냥 계속 산책길 따라 걷는다. 마른 빛 누렇던 공설운동장 잔디가 어느새 연초록색 카펫으로 바뀌었다. 주변에 늘어선 나무들도 메마른 가지마다 이슬비로 장식한 영롱한 보석 알을 매달고 4월의 환희를 맞는다. 조롱조롱 매어달은 물방울이 차라리 헤프게 피어난 살구꽃, 복숭아꽃들보다도 더 예쁘다. 겨울의 고통과, 봄의 희망으로 빚어낸 아리한 계절의 환희인가.

겨우내 감추고 묻어두었던 소생의 영혼들이 대지에 펼쳐 놓는 메시지는 환희다. 누가 "4월을 잔인한 달"이라 했던가. 작년 4월엔 세월호 사고로 어린 생명 수백 명이 죽었고, 올 4월엔 영욕의 한계에 다다른 교활한 기업인의 자살후유증으로 나라가 온통 혼란을 겪고 있으니 '잔인한 달'일 수도 있다. 그러나 4월은 소생의 희망과 초록빛 통일의 사명을 온 세상에 예고하는 달이기도 하다.

그래서 4월 첫날의 이슬비는 축복이다. 모든 생명들이 보석 같은 물방울 매어달고 4월의 환희를 노래한다. 산책길마다 새싹, 새 꽃들이 피어나는 희망의 합성들로 여울진다. 이제 인간들에게도 4월 같은 세상이 와야 한다. 세월호 사고 유족들의 비통한 심정을 역이용하려는 계략정치는 잔인하다. 영문도 모른 채 죽어간 어린 넋들을 정치가 정략적인 집권수단으로 이용하는 것은 부도덕한 기성세대들의 모순이다.

4월에 시작되는 새봄에는 정치모리배들의 음흉한 부정비리도 척결돼야 한다. 국가의 정체성마저 부정하며 역설적 위선논리에 익숙해진 불순세력들의 난장판 정치도 청산돼야 한다. 오늘의 인간 세상에도 새봄이 와야 한다고 섭리는 가르친다. 초록빛의 통일세상을 시작하라고…. 누가 4월을 초대했나.

(2015. 4.)

하늘 보고 하늘생각

추석(秋夕)이 지나면서 하늘이 끝없이 넓고 높아졌다. 자칫 모래알이라도 튕기는 날이면 쨍그랑 소리 내며 깨어질 청람색 유리빛이다. 앞산 능선 타고 앉아 마냥 게으름만 피우던 늦여름 뭉게구름마저 창천으로 달아난걸 보면 하늘과 세월의 이치는 알 수없는 조화다.

공원 벤치에 걸터앉아 다시 하늘을 올려다본다. 며칠 전 이승을 떠난 친구가 궁금하다. 모두들 하늘나라로 갔다고 하는데 하늘에는 정녕 티끌 한 점 없으니 말이다. 광활한 구천에는 현세(現世)와 내세(來世)의 수없는 상념들만 뜀박질을 한다.

존재와 부재의 차이던가, 아니면 유한과 무한의 차이던가. 유(有)와 무(無)가 공존하는 영혼의 세계를 어느 누가 알기나 할까. 있어도 없는 듯, 없어도 있는 듯, 누구도 넘볼 수 없는 천상의 이치다. 신만이 모여 사는 신궁의 이치다. 두 손을 내저어도 잡히는 건 하나도 없다.

그러나 하늘의 존재를 누가 감히 부정하고, 그 이치와 조화를 누가 감히 거역하랴. 소원과 성취로 가득하고, 기쁨과 슬픔으로 가득하고, 분노와 갈등으로 가득하고, 흥망성쇠와 희로애락으로 가득하다.

한 점 부끄럼 없는 양심고백도 하늘이고, 맹세코 버릴 수 없는 사랑의 약속도 하늘이다. 정의와 진실은 하늘의 길[天道]이고, 양심과 의리는 하늘의 뜻[天心]이다. 찬란한 햇빛으로, 휘영청 달빛으로, 또 헤일 수 없는 숱한 별빛으로 밤낮없이 부귀영화 가득하건만, 그것들은 모두 내 것이 아닌 허공일 뿐이다.

사시사철 가고 오는 계절의 변화도 하늘 속의 조화다. 비가 되고, 눈이 되는 구름의 변화도, 또 때로는 불빛 번쩍대며 지축을 흔드는 뇌성벽력도, 전광석화도 하늘의 조화다. 그뿐인가. 세상사 이리저리 흔드는 바람의 조화도 모두가 하늘에 존재한다. 그것들 역시도 하늘은 내 것이 아닌 공간일 뿐이다.

욕심을 비우고, 번뇌를 비우고, 삶의 존재마저 비워낸 하늘…. 그래서 하늘은 영원한 인간의 신앙이다. 위기가 닥칠 때면 누구도 본능처럼 하느님을 찾는다. 거친 풍상에 무거운 재앙이 앞을 막을수록 하늘을 향한 믿음은 강해진다. 맑은 하늘, 흐린 하늘, 파란 하늘, 붉은 하늘, 높은 하늘, 낮은 하늘…, 변화무쌍함이 하늘의 조화다. 억겁을 이어온 인류 역사가 하늘 아래에 있다.

심지어는 가물어도 하늘을 올려다보고, 비가 와도 하늘을 올려다본다. 기뻐도 하늘을 올려다보고, 슬퍼도 하늘을 쳐다보고, 그리워도 하늘을 쳐다본다. 하늘에 대한 믿음이다. "하늘에 부끄럽지 않게 살아라." "하늘이 무섭지 않으냐." "하늘은 알고 있다." "하늘 두고 맹세한다." 등 모두가 하늘을 향한 인간의 믿음이고, 간절한 소망이다.

존재와 부재로, 시작과 끝으로, 그리고 탄생과 죽음으로 이어진 숱한 윤회의 이치들이 저 하늘 속에 공존하고 있으니 더욱 그렇다. 유구한 천도(天道)가 지엄한 천심(天心)을 가르치고, 청천벽력이 인과응보를 심판한다. 이 세상에 어느 종교, 어느 신앙이 감히 하늘의 이치, 하늘의 진실을 부정하고 거역할 수 있을까.

부모 없는 자식 없듯, 하늘 없는 신앙도 없다. 석가도 예수도 하늘 아래 존재들이다. 모두가 하늘을 숭배하는 신자다. 까다로운 교리도 없고, 분열된 교파도 없으며, 날 세워 서로 싸우는 갈등과 분쟁도 없다. 굳이 어려운 경전(經典)도 없고, 사치스런 예배당도 없다.

사방을 둘러봐도 산뿐인 촌락에서 자라면서 나는 어린 시절부터 유난스레 하늘 쳐다보기를 즐겼다. 꿈도 희망도 하늘에 그렸다. 쳐다볼 때마다 하늘은 처음처럼 항상 새롭고 신비스러웠다. 창공에 눈부신 햇살이나, 온갖 형상을 연출해내는 구름의 조화, 또 검은 밤 장천에 뿌려진 초롱초롱한 별빛들…. 모두가 소년기

서정을 흔드는 하늘의 서사(敍事)였다.

나이든 지금도 나는 하늘을 쳐다보며 상념에 빠지기 일쑤다. 더구나 해질녘 검붉게 물드는 하늘 풍경은 살아온 세월의 풍상으로 얼룩진 가슴이듯, 말년 인생에 회한까지 사무치게 한다. 아무것도 이룬 것은 없지만, 가는지 오는지조차도 모르고 살아온 세월들…, 이젠 내 인생도 석양되어 서산에 기울고 있다. 하늘은 항상 어제 같아도, 세월은 날마다 오늘이다.

소슬해진 가을밤 하늘에 높이 뜬 달빛, 누구라서 가슴가슴 서정을 새기고, 또 누구라서 절절한 추억을 노래할까. 얼마나 간절한 소망이었기에 별빛은 지금도 변함없이 옛날 그 빛, 그대로다. 낮에는 해와 구름의 조화가, 밤이면 달과 별의 정취가 하늘에 있다. 생사를 넘나들고 승패가 부침하는 긴박한 전장이 하늘에 있고, 선과 악이 춤추는 창세기 에덴동산이 하늘에 있으며, 꿈속에서나 보는 무릉도원이 하늘에 있다.

정착을 모르는 욕망의 부대낌 따라 향방 없이 쓸려 다니는 바람이듯, 하늘엔 끝없이 갈망하는 인간의 욕심도 흐른다. 한 번도 우리에게 삶의 범주가 어디까지라고 선을 그어준 바도 없지만, 치열한 현실은 모두가 영역다툼이다. 항상 무한을 꿈꾸며 하늘을 쳐다보고 사는 것이 우리들 욕심이다.

어찌 인간들뿐이랴. 하늘은 모든 생명이 지향하는 본향인지도 모른다. 심지어 흙 속에 뿌리 내리고 사는 식물조차도 생장점은 어김없이 하늘을 향하고 있으니 말이다. 좌측으로만 감아올리는 칡(葛)넝쿨과 우측으로만 감아올리는 등(藤)넝쿨의 인연은 영원한 갈등(葛藤)이지만, 생장점만은 똑같이 하늘로 향하고 있다. 하늘은 생명의 소망이고 신앙의 원천임을 누가 부정하랴. 또 한 번 하늘을 보고 하늘을 생각한다.

(2010. 10.)

깨달음을 재촉하는 초침소리

올해도 벌써 11월이다. 입동 소설로 접어드니 골목길에서 낙엽 쓸어내는 청소원들의 이른 새벽 비질소리가 마치 삶을 쓸어내는 소리이듯, 을씨년스럽다. 코트 깃 추켜올린 행인들의 발걸음이 바빠졌다. 산야의 풍경은 야위고, 가진 것 없는 소시민들의 삶에는 상념들만 무거워진다. 세월은 또 이렇게 한 해의 종말 앞으로 다가선다.

버릇처럼 내가 잠을 깬 시간은 오늘도 적막삼경이다. 오후 7시경 저녁 먹고 잠자리에 들면 깨는 시간은 어김없이 자정 전후다. 소음마저 자지러들고 창백한 가로등만 무서리 찬 밤을 홀로 지키는 시간이다. 왜일까. 적막한 삼경에는 어김없이 숱한 공상들이 찾아온다. 컴퓨터 앞에 앉았건만 엉클어진 사념들이 두서없는 춤판이다.

서가(書架)에 올라앉은 탁상시계 초침소리가 오늘따라 예리하게 공상들을 누벼댄다. 평소에는 무심하게 듣던 소리다. 째깍대는 소리가 잠시도 멈춤 없이 바쁘다. 계절이 바뀔 때면 세월이

빠르다는 것은 곧잘 느끼면서도, 세월의 의미를 생각해본 적은 없다. 초침소리가 쌓여 시간이 되고, 시간이 쌓여 세월이 되는 것에는 무관심했다.

갑자기 깨달음 하나가 정수리를 타고 넘는다. 시계의 초침소리가 바로 우리들 삶의 발자국 소리다. 나는 지금 어디로 가기에 저리도 바쁠까? 태어날 때부터 신과의 약속이었다고는 하지만, 막상 죽음 앞으로 달려가는 소리임을 깨닫게 되면 태연할 사람 누구이던가. 초겨울 밤이 숙연해진다.

지나온 세월이 아련하다. 표시 나는 나이테 하나도 그려내지 못한 내 주제가 밉다. 옷깃을 다시 여미고 앉아 살아갈 세월을 헤아려 본다. 시계의 초침소리가 더욱 크고 바쁘게 들린다. 뛰어넘을 수 없는 사념의 장벽이 내 인생의 사방을 에워쌓는다. 어찌 나뿐일까. 세월을 초월해서 사는 사람은 아무도 없다.

허기야 시간이란 오면 가고, 가면 다시 오는 것 아니던가. 생명은 누구나 단 하나뿐이고, 삶은 누구나 단 한 번뿐이다. 부귀영화 아무리 많이 누렸어도 생명 두 개 가진 사람은 없다. 세기를 초월하는 명현석학도 일생뿐이었다. 석가도 죽었고, 예수도 죽었다. 영생도, 부활도, 재림도 모두 혹세무민이다.

사는 동안 무엇을 얼마나 깨닫고 사느냐가 중요하다. 시작은 반드시 끝을 동반하듯 존재는 곧 부재가 된다. 신은 하나 주면 반드시 하나는 빼앗아간다고 했다. 어떤 존재도 시종(始終)의 반복이다. 세월은 가면 끝이고, 계절은 해마다 반복한다. 영원도 없지만, 또 단절도 없다. 석가는 그 이치를 '윤회'라고 설파했다.

모두가 유한하기에 각자마다 존재하는 동안의 가치 만들기가 소중하다. 삶의 가치 중 사람에게 가장 소중한 가치가 깨달음이다. 우리는 세월 속에 살면서도 세월을 모르고 산다. 세월은 모양도 없고 색상도 없으며 소리도 없다. 시계의 초침소리만 세월의 흐름을 알려준다. 그래서 시간은 세월을 깨닫게 하는 시각(時刻)이라고도 한다.

시각은 삶의 역사를 새겨놓는다. 훌륭한 역사도 새겨지고, 부끄러운 역사도 새겨진다. 잠시도 멈춤 없는 시계의 초침소리가 바로 삶의 역사를 새기는 소리다. 누구나 내 인생의 역사는 내가 새기고 있다. 아름다운 역사를 새길 것인가, 부끄러운 역사를 새길 것인가. 각자의 책임이다.

시간은 언제나, 누구에게나 현재뿐이다. 단 1초도 미래를 아는 사람 없고, 살아본 사람도 없다. 태어나면서부터 죽을 때까지 항상 현재에서 살고 있다. 성공하는 사람도, 실패하는 사람도 현재를 사는 지혜 차이다. 그러나 우리는 현재를 살면서도 현재의 시간이 소중함을 깨닫지 못한다. 탄식하고 후회할 때는 이미 늦었다.

시간은 단 1초도 재활용을 허락하지 않는다. 시간은 오로지 미래로 전진뿐이다. 우리는 흔히 희망을 뇌까린다. 미래는 오로지 희망일 뿐이다. 희망은 현실이 닿을 수 없는 곳에 대한 바람이다.

엄밀하게 따지면 희망이란 죽음에 대한 두려움을 잊게 하는 망각적인 수사다. 온갖 고생과 고통을 반복하고 사는 것도 희망 하나 때문이다.

그러면서도 우리들은 시간에 대해서 모르는 게 없는 것처럼 떠들어댄다. 삶의 정답을 찾는 길은 오직 깨달음이다. 깨달음은 곧 나를 찾는 수양이다. 수양은 탄식과 후회를 줄여 미래를 인간답게 사는 지름길이다. 너나없이 공부하고, 배우는 목적도 깨달음 하나 찾기 위한 삶의 방법이다. 깨달음의 목표는 진리고, 진리는 모든 존재의 안식처다.

자비도, 사랑도, 정의도, 양심도, 평화도, 행복도 모두를 진리가 포용한다. 때문에 진리는 삶의 등불이다. 실체는 죽었어도 영혼으로 살아있는 석가도 예수도, 스스로 실천해온 자비와 사랑의 진리 때문이다. 진리를 탐구하는 노력만큼 소중한 가치도 없다. 태어나면서부터 누구나 최고의 희망, 최고의 목표가 진리탐구다.

중국 송(宋)나라 태종은 개권유익(開卷有益)의 철학으로 백성들을 제도하는 진리를 세웠다. 책을 손에 들고 열어보는 것만으로도 유익하다는 교훈이다. 진리는 찾고자 노력하는 과정만으로도 아름답다. 백성들에게 깨달음을 가르친 선정(善政)의 고사는 그래서 금언이다.

어느새 미화원들의 비질소리가 들리는 새벽이다. 시계의 초침은 멈춤 없이 깨달음을 재촉하고 있다. (2013. 11.)

제4부

진실불변 (眞實不變)

몰라서 편하다

살아가면서 마음대로 되지 않는 것이 어디 한두 가지 뿐이던가. 몰라서 못하는 것, 알면서도 못하는 것, 좋아도 못하는 것, 또 없어서 못하는 것, 있어도 못하는 것 등…. 사람이 혼자서 살 수 없는 이치도 오묘하다. 세상이 모두 내 것이라도 혼자서는 살 수가 없다. 부귀영화 모두 내 것이라 해도 혼자서는 의미가 없다. 군림도 추종자가 있어야 한다. 사랑과 증오, 행복과 불행, 승리와 패배, 음과 양, 남과 여 등…, 모두가 혼자만 존재할 수 없는 이치들이다.

나이 때문인가. 요즘은 자주 내가 나를 들여다보게 된다. 생각도 흔들리고, 육체도 흔들린다. 때로는 내가 서 있는 오늘의 위치를 나도 모를 때가 있다. 또 어디로 가고 있는지 목적지도 애매하고, 가야할 길은 얼마만큼 남았는지 이정표도 알 수가 없다. 별것도 아닌 일에 자주 허물어질 때도 있고 휘청거릴 때도 있다.

이 생각 하면 저 생각이 마주서고, 또 저 생각 하면 이 생각이 마주선다. 자신감이 없어진다.

누군가가 "아름다움의 내면은 슬픔"이라고 했다. 또 "가장 기쁠 때는 눈물이 난다"고도 했다. 때로는 내 속의 심사 모두 풀어놓고, 담고 쏟기를 반복해본다. 슬픔인가, 기쁨인가. 왠지 담아도 허전하고 쏟아도 허전하다. 공연한 위축감 소외감 불안감이 잦아지고 있다. 내가 나를 모른다는 것에 대해서 자꾸만 서글퍼진다.

세상 모두 잠든 삼경에 슬며시 일어나 창문 커튼을 열어본다. 그 많던 소음도 잦아들고 어둠만 무겁다. 탁상시계 재깍대는 초침 소리에 공상이 춤춘다. 위선과 진실의 가치관이 헝클어졌다. 사회도 국가도 세태의 가치관을 바로잡아 주는 곳이 없다. 행복이 행복인 줄도 모르고 방황하는 세대들, 휩쓸려 다니는 무명(無明)의 군상들이 불안하다.

초근목피로 연명하던 반세기 전 선대들의 춘궁기 역사는 무능했던 과거로 치부되고, 처참한 6·25전장에서 목숨 바쳐 나라 지킨 충성의 가치는 차라리 데모하다 죽은 자칭 열사, 투사만도 못하다. 아니 소풍 가다 선박 사고로 죽은 고등학생들만도 못하다. 의식주 모두가 남아돌고 넘쳐나도 불행만 떠든다.

세습독재 북한이념을 찬양하면서도 막상 대한민국을 떠나지 못하는 종북 집단들의 이중성, 미군 물러가라고 소리치면서도 자식들은 모두 미국으로 유학 보내는 반미운동가들의 이중성을 보노라면 이 세대는 마치 주관도 없고, 국가관 역사관도 없는 유랑집단처럼 허허롭다.

고통이 고통인 줄도 모르고 억척으로 살며 오늘의 문명과 풍요를 일구어낸 선대들의 역사가 바보 취급당하고 있다. 지독한 고통이었기에 고통이라 말할 수도 없었고, 엄청난 가난이었기에 운명을 원망할 줄도 모르고 피땀으로 오늘을 이룩하는데 몸바쳐온 게 반세기전 선대들의 삶이었다.

특별히 잘난 사람도 없었고, 특별히 잘사는 사람도 없었다. 생활이 비슷했고 환경이 비슷했다. 모두의 가치기준이 윤리도덕뿐이었다. 이웃끼리 시기 갈등이 없었다. 이웃이 기쁘면 함께 기뻐했고 이웃이 슬프면 함께 울었다. 그게 바로 우리 가슴에 자리잡아온 미풍양속이었다. 별로 멀지도 않은 과거가 초고속 문명세태에 밀려나 이 밤의 어둠에 묻혀 변방에 소외되고 있다.

오늘 내가 앓고 있는 시대의 병인(病因)을 찾아본다. 내면(內面)의 마음들이 핏줄처럼 얽혀 하얗게 환영(幻影)으로 나타난다. 점점 고독해지고 혼탁해지는 내 마음의 원인도 혈관에 끼어있는 위선이란 이물질로 소통이 막혀있기 때문이다. 소심해지고, 무력해지고, 우울해지는 것들 모두가 소통경색이다. 언어장애, 육체장애, 정신장애가 유발되는 뇌경색증상과 다를 게 없다.

또 욕심과 아집으로 마음이 옹졸해지는 것도 소통경색이 원인이다. 본래 태생도 옹졸했던 터에, 상상력까지 위축되면서 독자들의 가슴을 흔드는 감동의 글 한 줄 찾아내기란 언감생심(焉敢生心)이다. "내 욕심은 줄이고, 남을 배려하는 마음을 넓히면 소통의 길이 조금씩 열릴 것"이란 진실의 소리가 환청(幻聽)되어 들린다.

스스로 고민해본다. 조금은 당당해지는 것도 지혜일 것이다. 앞으로 나가고 싶고, 위로 오르고 싶고, 또 삶에 더 많은 의미를 부여하는 욕망을 일으켜 보고 싶다. 요즘 '말춤'이란 색다른 몸놀림으로 세계무대를 휩쓸고 있는 청년가수 '싸이'가 인기다. 그의 성공비결은 남보다 뻔뻔함이다.

목표에 대한 집념과 용기다. 빛나지 못했던 과거가 있었기에 더욱 빛날 수 있다는 사실을 알게 된 건 당당한 용기다. 확실치 못한 사념으로 헤매고 있는 나를 반성해 본다. 불안에 흔들리기도 하고, 부끄러움에 방황할 때도 허다하다. 마음대로 되지 않는 일에 갈등하고, 남을 의식해 낯붉히기도 일쑤다. 용기 부족한 소통 경색 때문이리라.

오늘의 세태는 정신적 성공보다는 물질적 성공을 꿈꾸는 게 대세다. 지금 우리 사회는 진실과 양심보다는 과시주의와 간판주의에 병들고 있다. 외형적 결과만 가지고 사람을 평가하는 가치관이 휩쓸고 있다. 나는 지금 어디로 가고 있나. 차라리 몰라서 편하다.

(2014. 4.)

사람은 너무 먹어서 죽는다

오랜만에 만나는 친구들의 첫인사가 흔히 "요즘 어떻게 지내느냐"다. 어느 친구의 대답이 걸작이다. "먹는 일로 바쁘다"고 한다. 무엇을 그리 바쁘도록 먹는단 말인가? 언뜻 들어 농담이나 너스레 같지만 음미해 보면 수긍이 간다. 산다는 것은 밥이나 물 등 음식만 먹는 게 아니다. 나이도 먹고, 귀도 먹고, 또 눈치도 먹고, 욕도 먹고, 때로는 겁도 먹고, 애도 먹고, 게다가 마음까지도 수시로 바꿔 먹어야 한다.

생각해 보면 먹는 게 수도 없이 많다. 맛과 관계없이 먹어야 한다. 나이 먹는 건 피할 수 없는 단골메뉴다. 쉴 틈 없이 먹어야 하는 게 세월이고 나이다. 음식을 먹는 것은 배고픈 사람의 양(量)만 채우면 끝이다. 그러나 사람은 밥이나 술이나 반찬 따위의 음식 말고도 먹어야 하는 게 수도 없이 많다. 누가 말 했던가. "먹기 위해 사느냐, 살기 위해 먹느냐?" 누구도 정답은 없다.

음식은 먹으면 소화되고 배설되지만, 세월과 나이는 먹을수록 쌓여 죽음의 원인이 된다. 나이 먹을수록 약도 먹어야 하고, 병원 다니며 돈도 까먹어야 한다. 점점 내가 한 말과 행동도 책임질 수 없을 만큼 정신까지 까먹게 된다. 나이 먹을수록 잊어먹는 것들이 많아지면서, 끝내는 소중한 약속까지도 까먹게 된다. 또 언어소통이 불가능해지도록 귀[耳]도 먹는다.

따라갈 수 없는 문명시대가 되면서 자연히 젊은이들한테 지청구 먹기 바쁘다. 그뿐인가. 보이게 안보이게 눈총까지 먹어야 한다. 잊어먹고 나면 당연히 욕도 먹고 핀잔도 먹어야 한다.

헤아릴 수 없을 만큼 무량한 마음도 먹고산다. 큰마음, 작은 마음, 착한 마음, 악한 마음, 기쁜 마음. 슬픈 마음 등 잠시도 빈틈없이 밀려드는 희로애락도 마음먹기 달렸다. 한 가지 마음만 먹고 살아야 하는데, 살다보면 여러 마음을 먹고 살기 예사다. 이것저것 먹다보면 어느새 하루를 또 까먹는다.

"요즘 어떻게 지내느냐"는 친구들의 인사는 나이 먹고 일선에서 은퇴한 인생들끼리 자조적 푸념일 수밖에 없다. 은퇴란 서글픈 단어다. 월급 타먹기를 끝낸, 단순한 퇴직만을 의미하는 단어가 아니다. 한솥밥 먹는 가족들의 관심에서조차 멀어진다. 나이를 먹을수록 사회구성원의 대열에서 밀려나는 죄(罪)명이 은퇴다. 책임도, 의무도 박탈당한다.

세월은 흐른다 하고, 나이는 먹는다고 한다. 그러나 흐르는 세월이나, 먹는 나이나 의미는 다르지 않다. 그 세월에 그 나이다. 나이는 누가 먹으라고 해서 먹는 것도 아니고, 또 먹기 싫다고 거절할 수도 없다. 맛도 모르고 먹는 게 나이다. 또 먹을수록 체력과 기력이 약해지는 게 나이다. 늙어지면 안다.

하루 한시도 건너뜀 없이 열심히 살아왔건만, 삶은 어느새 회귀점을 타고 넘어 석양빛 막다른 골목에 이르렀다. 가슴에 담고 있는 작은 마음까지도 빨리 비우라고 다그침을 당하고 있다. 세월이 허무해지고, 야속해지는 이유다. 순간도 여유를 주지 않는다. 그동안 먹어치운 나이 값을 내라고 사정없이 달려든다.

나는 어떤 마음을 얼마만큼 먹고 살아왔는가. 작심삼일로 툭하면 마음 바꿔먹기 예사인 변덕쟁이, 욕심쟁이는 아니었나. "삶은 마음먹기 달렸다"는 속담은 철학이고 진실이다. 사람이 살면서 가장 많이 먹고사는 게 세월이고 마음이다. 좋은 마음먹고 성공하는 인생도 있고, 나쁜 마음먹고 실패하는 인생도 있다.

마음먹기 따라 운명이 좌우된다. 경우에 따라선 눈치와, 지청구, 핀잔, 또는 욕설까지도 먹어야 한다. 살기 위해 몸부림치던 인고의 세월, 희망 하나 집념으로 붙잡고 헤매던 생애구책, 이 모두가 우리가 먹어치운 눈치, 지청구, 핀잔, 욕설 범벅이다. 슬퍼서, 기뻐서, 또는 알게, 모르게 내가 머금고 삼킨 눈물도 헤아릴 수 없다.

구절양장 험준한 애환의 언덕을 기어올라 이제 겨우 무거운 등짐 벗어놓고 고달팠던 옛길 되돌아보며 가쁜 숨 좀 돌리노라면 속절없는 인생은 어느덧 현실과 환상을 넘나들며 죽음까지 떠올려야 하는 종점 앞에 다다랐다. 인생길 이정표는 말이 없다. 먹은 사람만 깨닫는 게 세월이고, 나이다.

먹은 나이를 되돌아보고, 흐른 세월을 반성해 본다. 살아오는 동안 내가 먹은 것은 또 있다. 안절부절 일일여삼추 같은 애도 먹어야 했고, 또 생사를 가르는 위급한 기로에서 많은 겁도 먹어야 했다. 경쟁을 동반해야 하는 삶의 이치는 누구나 같다. 경우에 따라선 가시 돋친 돈에 유혹돼 잘못 먹고 패가망신하는 인생도 숱하게 보았다.

이 세상에 떠도는 온갖 부정비리는 모두 잘못 먹은 돈 때문이다. 자살로 끝내야 했던 어느 전직 대통령의 비극도, 또 어느 전직 여자 국무총리의 뇌물추태 망신도 모두가 잘못 먹은 돈 때문이 아니던가. 식성은 타고나는 본능이라지만, 먹기 때문에 죽는 것 또한 인생이다.

(2009. 4.)

거래 단위가 없는 것들

누구에게나 삶이란 주고받는 거래의 연속이다. 태어나서 죽을 때까지 물질적인 것, 정신적인 것 등 주고받는 거래형태는 다양하다. 때문에 모든 거래는 도량형기로 주고받는 단위(單位)가 정해지고 있다. 길이는 ㎝, m 등, 무게는 g, ㎏ 등으로, 또 부피는 ㎤, m^3 등, 넓이는 m^2, ㎢ 등으로 환산한다.

무한한 세월을 시(時)분(分)초(秒) 단위로 토막 내어 사용하는 지혜도 대단하지만, 도량형기를 만들어 거래단위를 사용하게 된 지혜는 놀랍다. 거래단위가 없었다면 오늘 우리들의 생활 질서는 어땠을까. 법정거래 단위가 있어도 무서운 욕심들은 생사를 넘나드는 쟁탈전을 일삼고 있으니 말이다.

그러나 우리들 삶 중엔 아직까지도 거래단위나, 법정기준으로 환산될 수 없는 거래들이 더 많다. 사랑으로 주고받고, 너그러움으로 주고받고, 정으로 주고받는 것들은 모두가 도량형기로 가치

단위를 환산할 수 없는 것들이다. 돈보다도 더 소중한 정(情)과 사랑은 정작 거래단위가 없다.

일상생활 속에서 물질보다도 더 많이 거래되는 게 정(情)이고 사랑이다. 내가 내 속에 담아온 마음이나 생각들이 얼마나 되는지 헤아릴 단위도 없고 측정할 도량형기도 없다. 또 생활 속에서 서로 주고받으며 거래된 슬픔과 기쁨, 행복과 불행, 사랑과 증오도 양이나 무게를 측정하고 계산하는 기준단위가 없다.

허탈해진 마음 달래기 위해 때때로 허공을 쳐다보며 바람처럼 스쳐가는 부질없는 공상들은 또 무엇으로 재어보고, 무엇으로 달아볼까, 내가 일생을 살아오면서 소비해온 많은 생각들과 사랑의 질량은 또 모두 얼마나 될까. 가슴을 치며 분통을 터뜨리지만 막상 분통을 수치로 환산할 수 있는 단위는 무엇일까.

우리는 지금 마음만 먹으면 무엇이든지 해낼 수 있는 첨단과학 문명시대에 살고 있다. 암수(남녀)간의 사랑으로만 가능했던 생명 탄생의 신비까지도 과학기술로 벗겨내고 있으니, 인간의 지혜는 이미 조물주의 섭리 영역까지 침범한 셈이다. 생소한 첨단기기들 속에, 따라 할 수 없는 안타까움으로 소외감만 부여안고 허둥대고 있는 게 내 꼴이다.

이렇듯 허전한 마음과 무거운 생각들을 측정하고 헤아리는 법정단위는 왜 없을까. 그러고 보면 아직도 우리 일상 속엔 지혜나 기술로 측정할 수 없이 주고받는 불공정거래들이 많다는 이야기인가. 현실과 이상의 차이뿐만 아니다. 마음과 생각이 사람의 몸 어디에 숨어있는지 좌표조차 모르고 있으니 말이다.

마음이나 생각은 어떤 단위나 수치로도 측정하고 기록해낼 수가 없다. 오로지 주는 사람 마음뿐이고 받는 사람의 생각뿐이다. 누가 감히 조물주의 섭리를 넘본단 말인가.

숱한 애환을 주고받으면서도 서로가 쌓고 허무는 마음의 벽은 얼마나 두껍고 높은지, 바다같이 깊은 어머니 사랑, 하늘같이 높은 아버지 은혜는 도대체 얼마나 깊고, 얼마나 높기에 측정하고 헤아려낼 수 있는 산술공식이나 기준단위가 아직도 없을까.

심연에 묻어둔 생각이 얼마나 깊은지, 처세도량이 얼마나 넓은지, 또 원대한 희망과 포부의 부피는 과연 얼마큼 큰 것인지, 금덩이처럼 무거운 침묵의 중량은 도대체 얼마나 되고, 또 뜨거운 사랑의 열정은 섭씨 몇 도인지, 끊을 수 없는 우정과 의리의 강도(强度)는 얼마나 되는지도 측정하고 표시해낼 기준단위가 없다.

또 마음의 상처는 얼마나 아프고, 고민의 깊이는 얼마나 되며, 책임의 무게는 얼마인가. 숱하게 스치는 추억도, 기억도 사용량과 저장량을 헤아릴 기준단위가 없다. 지난날의 잘못을 반성케 하고, 상처로 남겨진 일들을 다시 되살려내는 추억이나 기억들이야말로 어디에다 얼마만큼 보관하고, 어디에서 얼마만큼 썼는지 헤아릴 길이 없다.

나에게 주어진 삶의 세월은 모두 얼마 만큼이고, 앞으로 살아야

할 세월은 얼마 만큼인지 계량하고, 측정할 수 있는 단위도 없다. 세월 가도 지우지 못하는 추억들은 얼마나 깊은 곳에 감춰두었던 것들인가. 놀랍도록 세밀한 도량형기로도 헤아리지 못하는 세상사를 우리는 그동안 무엇으로 측정했는가.

경우에 따라선 손가락을 뻗히고, 손톱까지 동원해 단위기준으로 삼았다. 자신의 키를 단위척도로 삼기도 하고, 그것도 부족하면 '눈곱만큼', '바늘 끝만큼', '티끌만큼', '새털만큼' 또는 '산만큼' 등으로도 표현했다. 또 그것도 부족하면 양팔 크게 벌려 원을 그리며 '하늘만큼'으로 표현하기도 했다.

또 입이 무겁다. 심지가 곧다. 언행이 가볍다. 얼굴이 두껍다. 정이 멀어졌다 등은 무슨 단위로 표현하고 헤아릴 수 있단 말인가. 세상을 보고 느끼고 깨닫는 것은 어쩌면 나만의 척도를 만드는 수양(修養)일 뿐이다.

양심과 정의가 그렇고, 진실과 위선이 그렇고, 순리나 이치가 그렇다. 같은 사물을 보면서 깨닫고 느끼는 게 서로 다른 것도 각자가 갖고 있는 수양의 정도가 다르기 때문일 게다. 수양의 정도는 곧 마음의 척도이며, 무형의 계량단위다. 때문에 모두가 생각이 다르다. 소질도 취미도 다르고, 보고 느끼는 감정도 다르다. 개성의 차이라고 한다.

고독이 슬픈 사람도 있는가 하면, 고독을 즐기는 사람도 있다. 가끔 아무 일도 아닌 행동이나 말을 다르게 해석해서 오해하는 사람을 만날 때면, 법정기준이나 거래단위가 없어 헤아리지 못하는 거리감이 안타까울 뿐이다.

나는 지금 내 스스로도 내 생각의 깊이나 내 마음의 벽을 헤아리지 못한다. 몸무게는 저울로 달아보면 알 수 있고, 키는 자로 재보면 알 수 있고, 시력, 청력도 측정 기구를 이용하면 단위수치가 기록으로 나온다.

그러나 마음과 생각은 항상 무한하고 막연할 뿐이다. 행복과 불행, 기쁨과 슬픔, 진실과 위선, 사랑과 증오 등은 모두 거래단위가 없는 것들이다.

(2009. 9.)

삶의 이야기

시작의 과정도 똑같고, 끝냄의 과정도 똑같은 게 인생이다. 올 때도 빈손이고, 갈 때도 빈손이다. 똑같이 빈손으로 왔어도 누구는 군림하고, 누구는 추종자가 된다. 그러나 부자가 죽을 때도, 거지가 죽을 때도 빈손으로 가기는 마찬가지다. 태어나는 시간차는 있지만, 누구나 똑같이 생명 하나씩만 가지고 태어난다.

또 태어나는 순간부터 죽음을 향해 달려가는 것 역시 누구도 틀리지 않는다. 자청해서 세상에 태어난 사람은 아무도 없다. 죽을 날짜는 모르지만 언젠가는 너도 죽고, 나도 죽는 게 우리 모두의 공통점이다. 신체의 기본구조도 틀릴 게 없다. 생태인들 무엇이 다른가. 유아기 소년기 사춘기 청년기 장년기 노년기 과정을 똑같이 거친다. 끊임없이 호흡해야 살고, 하루 세끼 먹어야 살고, 또 배설해내고 잠을 자야 산다.

살면서 희로애락 감정을 표출하는 것조차도 똑같다. 단지 남자

여자 성별만 틀리고, 서로의 기능만 틀리다. 외형의 생김과 내면의 생각과 행동만 다를 뿐, 온갖 욕심 본능, 사랑본능 또한 다른 게 없다. 네 세월 따로 없고, 내 세월도 따로 없다. 네가 한 살 먹으면 나도 한 살 먹는다. 사는 것 또한 마찬가지다.

오늘도 나는 내 삶을 생각해본다. 거칠 것 없는 시공을 살면서도 숱한 제약의 벽을 넘지 못한다. 도덕적 제약, 종교적 제약, 실정법 제약 등 온통 제약의 울타리 속에서 한시도 벗어날 수가 없다. 게다가 순서, 질서라는 사회적 규범은 또 어떤가. 남의 눈을 의식해야 하고, 남의 입을 의식해야 하고, 심지어는 하찮은 손가락질까지도 의식해야 하니 이 또한 삶의 제약이 아닐 수 없다.

그뿐인가. 알게 모르게 나이 값이란 세월의 제약은 얼마이고, 추운 날 두텁게 입어야 하고, 더운 날 얇게 입어야 하는 풍상의 제약은 얼마이던가. 해탈이 아니고선 초월할 수 없는 수많은 제약들…. 그러나 범부가 어찌 해탈의 과녁을 무엄하게 넘본단 말인가. 그저 바람 따라 사는 길 뿐이다. 어느 문장가는 "잠들지 않는 바람에 휘둘리며 한평생을 살다가, 어느 날 다시 바람으로 사그라지는 것이 인생 삶"이라고 했다.

허기야 바람도 많다. 치맛바람, 투기바람, 신바람, 봄바람, 헛바람 등 우리 삶의 주변은 항상 크고 작은 바람의 연속이다. 한때는 불순한 사람들의 정치적 계략으로 병풍(兵風), 세풍(稅風)까지 불어댔으니, 삶은 바람과 잠시도 무관할 수 없는 영원의 인연이다. 밖에선 나뭇가지 흔드는 바람, 안에선 마음을 흔드는 바람, 우리 삶은 시작부터 끝까지 잠들 날 없는 운명의 바람이다.

예부터 "바람 잘날 없다"는 속담은 진실이다. 삶이란 누구도 바람 밖의 존재일 수가 없다.

말 한마디가 원인되어 정권을 흔드는 민심바람, 정치바람도 있으며, 옷매무시 한 자락이 유행되어 세태를 병들게 하는 허영바람과 사치바람도 있다. 태풍, 광풍, 폭풍, 미풍, 훈풍 들이 모두 우리 주변에서 희로애락을 요동치게 하는 삶의 바람들이다. 흥망성쇠를 좌우하는 역사의 운명까지도 바람이었다. 어쩌다 풍운아(風雲兒)처럼 군림할 수도 있고, 풍지박살(風紙撲殺) 나도록 패가망신할 수도 있는 게 바람의 속성이다.

나는 무슨 바람으로 살았는가. 바람을 일으키며 살았는가. 아니면 갈대처럼 바람 부는 대로 흐느적대고 살았는가. 주저앉은 폐가의 낡은 함석지붕만 덜컹댄 헛바람이었나, 이삭 팬 벼논에 꽃가루 전하는 결실의 바람이었나. 아니면 산사 처마 끝에 매달린 풍경처럼 쟁그랑대는 감성의 바람이었나. 무당집 문간에 매달린 깃발처럼 흔들어댄 초혼의 바람이었나.

시작이 똑같기에 우리는 태어나면서부터 평등했다. 주어진 인권도 평등했고, 권리나 의무도 공평했다. 처음에는 아무런 욕심, 야심 없이 천진난만뿐이었다. 그러다가 조금씩 나이 들고 성장하면서 현실의 바람은 그게 아니었다. 평등(平等)은 차츰 차등(差等)

으로 변하기 시작했다. 누구는 권력자가 되고 또 누구는 추종자가 된다.

개성이라는 너울과 희망이라는 너울로 더러는 허풍도 배우고, 가면 쓰기도 길들여졌다. 평등하기를 거부하면서 교활한 욕심은 위선과 허상에 익숙해졌다. 사람들은 듣기 좋게 지혜의 차이라고 이른다. 그러나 지혜라는 단어가 부정한 지식에 휩쓸리면 무서운 계략이나 음모로 둔답할 수도 있다.

울기도 하고, 웃기도 하고, 때로는 갈등하고 폭발하고 이게 바로 우리가 겪는 삶의 문제들이다. 도덕과 의리가 무시되기 예사다. 당당함과 비겁함이 교차한다. 그래서 삶은 숙제의 연속이다. 벗어나면 갇히고, 뚫고 나면 다시 막힌다. 자유스러운 척 하면서도 해방은 없다. 알 수 없는 사이에 문제가 일어나고, 그 문제에 답을 찾아 헤매기를 수도 없이 반복한다.

어떤 때는 내가 나를 찾는다. 글 쓰는 척 하면서도 글 쓰는 사람들 속에는 내가 없다. 내 삶의 얘기고, 내 삶의 문제다. 오늘도 삶의 이야기는 끝이 없다.

(2012. 1.)

여름날 유등천 풍경

대전의 유등천(柳等川) 교각 밑은 여름철만 되면 백수(白手) 서민들의 피서 명소다. 시가지를 흐르는 대전의 3대 하천 중 중심하천인데다 천변 따라 발달된 도시구조상 하천 양안(兩岸)으로 주거인구가 밀집돼 있어 더위가 극성인 날은 피서 인파로 성시를 이룬다. 상류 안영교(安寧橋)에서부터 하류 삼천교(三川橋)에 이르기까지 중구와 서구를 잇는 유등천 교량은 모두 10개가 넘는다.

4~6차선 규모의 넓은 다리 밑마다 시멘트블록으로 깔끔하게 단장해 놓은 데다 편의시설, 운동시설까지 위락시설을 고루 갖추고 있다. 또 고수부지에 연결된 넓고 푸른 잔디광장과 주변 풍광이 뛰어나다. 천변에 무성한 갈대숲, 쉴 새 없이 날아드는 하얀 황새들의 여유로움, 정답게 흐르는 맑은 냇물소리, 게다가 동서남북 거칠 것 없이 소통하는 시원스런 바람까지 서민들의 피서 공간으로, 또 백수인간들의 놀이터로 안성맞춤이다.

오전 10시쯤부터 나이 지긋한 사람들이 모여들기 시작해서 12

시쯤이면 만원이다. 한 곳에 평균 50명씩만 잡아도 유등천 양안(兩岸)을 잇는 10여 곳의 교각 밑 피서인파는 1일 평균 1천여 명으로 추산된다. 산으로, 강으로, 바다로 피서지 찾아 떠나는 젊은이들 따라가기는 몸도 마음도 여의치 않은 70대 전후반 층이 주류다. 옛날처럼 일터도 없고, 누가 불러주고 찾아주는 이도 없는 은퇴 인생들의 낙원….

한때는 자기 일터에서 내로라하던 백양백태(百樣百態)의 경력자들 박람회장이다. 세월에 밀려나고, 나이에 밀려나 이제는 책임도 의무도 사명도 잃은 채 소외된 은퇴 인간들의 집합소다. 가족들의 관심까지도 느슨해진 은퇴인생들끼리 인지상정으로 모여 소일하는 곳이 됐다. 계절 따라 철새들이 모여들 듯 자연스럽게 모여들어 서로가 동지처럼 친구처럼 하루 종일 왁자지껄 해학들로 넘쳐난다.

TV 앞에 앉아 지저분한 정치싸움 쳐다보며, 또는 '민주'를 떠들며 '민주'를 뒤엎으려는 불순집단들의 사회불안 선동을 지켜보며 시간 죽이기보다는 차라리 사정 비슷한 사람들끼리 모여들어 크고 작은 삶의 얘기 소통하는 다리 밑이 낙원이다. 여름철 대전시민들의 생활정서가 가감 없이 모이는 총집합소다. 정치 경제 사회 국방 외교 등 주요 국사(國事)에서부터 사소한 시정잡담까지 숱한 여론정보가 소통되는 총체적 박람회장이다.

가끔 봉사단체에서 무료점심까지 제공하는 날이면 해질녘까지

성시다. 소주 커피 담배 등을 파는 약삭빠른 상혼까지 끼어들어 오후 풍경은 목청 높은 사람이 대장이다. 옆에 앉아 떠들썩한 사람들의 이야기에 귀를 기울이노라면 하루가 덧없다. 오합지졸이지만 누구 하나 오(烏)도 없고, 졸(卒)도 없다. 지명도(知名度) 높은 명사들의 이름이 줄줄 나온다. 누가 들어도 2등 가라면 서러웠던 과거 주역들의 기고만장이다.

정치 얘기는 감초다. 야당이 꼭 필요하긴 한데 전부가 좌파 같아 불안해서 못 찍겠고, 또 제몫도 못하는 여당은 무능해서 못 찍겠다는 비판도 거침없다. 인생말년에 찾아든 곳이 고작 교각 밑 쉼터이기에는 격에 맞지 않는 사람들이다. 자존심도, 체면도 아랑곳없다. 누가 굳이 따지거나 시비할 사람도 없다. 사랑은 불타도 연기가 없고, 세월은 오가면서도 소리가 없듯, 가버린 청춘이 아쉽고 인생만 무상할 뿐이다.

"청춘을 돌려다오…" 아무리 소리친들 메아리조차 공허한 인생들…. 동병상련에 얼큰해진 넋두리들만 넘쳐나는 곳이다. 그 틈에 끼어들어 멍하니 앉아있는 나는 또한 누구이던가. 겨울 되면 춥고 여름 되면 더운 것을 뻔히 알면서도 어쩌다 보니 세월의 무상함을 잊은 채 오늘에 이르렀다. 순간도 남한테 빼앗긴 적 없고, 도둑맞은 적도 없건만 세월은 어느덧 내 얼굴에 주름살을 긋고, 머리 위엔 하얀 서리를 덮어 씌웠다.

시계바늘 돌아가는 것은 어김없이 따졌으면서도 그게 바로 세월인 줄을 깨닫지 못했다. 귀를 가졌으면서도 세월의 소리를 듣지 못했고, 눈을 가졌으면서도 세월이 가는 것을 보지 못했다. "가난하게 태어난 것은 내 잘못이 아니지만, 가난하게 죽는 것은 내 잘못"이라는 말은 바로 나를 지적한 것이다. 이제 와서 누구를 탓할까. 덧없는 세월에 허무를 깨닫는 사람들이 모이는 곳은 그래서 소주잔이 오가고 떠들썩하다.

한편에서는 초(楚)왕이 되고 한(漢)왕이 되어 장군 멍군 전쟁으로 고성이 오간다. 마(馬) 차(車) 포(包)야 전장의 필수 병기로 당연하지만 어쩌다 코끼리(象)까지 징용되어 이리 뛰고 저리 뛰니 흥망을 겨루는 초(楚) 한(漢)의 접전이 치열하다. '나를 알고 남을 아는' 지피지기(知彼知己) 전략은 백전백승이라고 했다. 서로가 궁(宮)을 사수하기 위한 차포마상(車包馬象)이 닥치는 대로 죽고 죽이며 종횡무진 치열하다.

장기판에서도 역시 가엾은 신세는 졸(卒)과 병(兵)이다. 적군에 맞서 전장의 맨 앞줄에 선다. 상황에 따라 전진과 후퇴도 전술이건만, 졸과 병에겐 그마저도 허용되지 않는다. 최전방에서 한 발작도 물러설 수 없는 결사(決死)충성의 사명만 걸머지고 있는 게 졸과 병이다. 어찌 졸과 병뿐인가. 세월 앞에선 순간도 되돌아갈 수 없는 우리들 삶도 그렇다. 유등천 다리 밑으로 피서 나온 내 꼴인들 무엇이 다를까. (2015. 8. 21)

돌아갈 수 없는 삶

묵언참선인가. 아니면 태생적 숙명인가. 춘하추동 사시사철 능선마루에 요지부동 홀로 앉아 옛 세월 그대로 지키고 있는 하늘 아래 바위산 하나…. 계절마다 딴청 부리며 변덕 잦은 자연의 변화에도 '내 뜻' 하나 가슴에 묻은 채 미동도 없다. 의지할 곳 없는 고독으로 응고되어 천년의 풍상을 견디는가?

요염한 꽃바람이 간지럽게 온몸을 훑아대고, 가을빛 황홀한 산하의 풍광이 심금을 파고들어도…, 때로는 설한풍 모진 칼바람에 호되게 두들겨 맞고, 자글대는 황도의 태양열이 온몸을 지져대는 데도 하늘 우러러 침묵만을 삼킨다. 희로애락 체념한 채 잡다한 세상사 인연 끊고 차라리 무상무념의 길을 택했는가?

표정 한 번 바꾸지 않은 채 고집스럽게도 그 자리만 지키고 있는 하늘 아래 바위산 하나…. 출렁하게 흐르는 강물도 아득한 곳에 작은 시작이 있듯, 어느덧 말년을 살고 있는 나에게도 생명이 시작된 고향이 있다. 그곳이 바로 충청남도 서산시 인지면 용암동, 큰 바위산 밑 동네다. 선조들 대대의 영혼이 계신 곳이기에 명절이란 이름의 향수를 안고 때때로 찾아가지만 어릴 때 고향이 아니다. 옛날처럼 나를 맞아주는 사람은 이제 아무도 없다. 커다란 바위산만 아직도 변함없는 인연이듯, 지그시 내려다보고 있을 뿐이다.

산세가 승천하는 용의 모습이라는 유래 따라 지어진 이름, 비룡(飛龍)산 정수리에 사람 키 50배 높이로 솟아있는 바위가 바로 내 고향을 상징하는 '쉰질바위'다. 할아버지 할머니, 아버지 어머니의 영혼이 계신 곳, 그리고 내 생명 또한 그곳에서 태어나 오늘에 이르건만, 이제는 다시 돌아갈 곳 한 모서리도 없는 회상뿐이니 공허하다.

삶을 찾아 고향 떠나 객지로 헤맨 세월이 어느덧 황혼녘까지 달려왔다. 뿌옇게 비추는 세월의 환영(幻影)조차도 아련해지고 있다. 버섯등처럼 옹기종기 모여 살던 옛 초가집마을 풍경도 사라졌다. 서구나라 어느 곳처럼 펜션 동네가 됐다. 뽀얗게 포장된 시멘트 길가마다 고급 자가용 자동차들이 즐비하게 늘어선 타향이다. 누가 말했던가 상전벽해를….

참선하듯 말없이 앉아 변함없이 나를 맞아주는 건 오직 비룡산 마루 쉰질바위 뿐이다. 딱지 치고, 팽이 치고, 제기차기 하며 누룽지 나누어 먹던 옛 친구들도 모두 어디론가 떠나갔다. 누구누구는 이미 저승으로 갔고, 또 누구는 도시 사는 아들이 데려갔다는 소문이다. 미처 생각지도 못했던 초라해진 자화상이 하얀 새털구름처럼 날은다.

고향 풍경은 이제 낯설기만 하다. 안온함이 없다. 할아버지, 할머니, 아버지, 어머니 만 번을 불러도 대답이 없다. 그 얼굴들 모두 어디로, 누굴 따라 갔을까. 고향이라는 이름만으로도 목이 메는 세대들…, 이젠 내 스스로가 측은한 인생고아가 됐다. 인생이란 세월 따라 유수처럼 흐르다가 결국에는 바다에 가서 누워야 하는 강물이련가.

사람 사는 인생놀이에는 어떤 제목(題目)도 필요 없다. 무슨 보람과 행복이 내 곁으로 달려와 반갑게 매달려줄 것인가. 많은 석학들이 "인생은 자연적이라던가, 상식적이라던가, 또는 종교적이라던가, 아니면 낭만적이라"고 갖가지 구실과 명분을 붙여 보려 했지만, 그 어느 것 하나도 내게는 적중한 명분도, 구실도 없다.

더욱 현대라는 개념 앞에서의 삶은 타의에 의해서 조립되고 분해되기 예사다. 누구나 온전한 나를 지키고 싶지만 '현대'라는 사회정서는 쉽게 허락하지 않는다. 특히 타향살이의 고달픔이 그렇다. 허기야 변해진 인심이 어디 내 고향뿐이던가. 세상 모두가 그렇게 변했고, 나 또한 변했으니 누구를 탓하고 서운해 할 것도 없다.

눈 들어 또 한 번 비룡산 정상에 앉아있는 큰 바위를 올려다본다. 무심하지만 그래도 표정 하나 변치 않은 것은 바위뿐이다. 천년사직 흥망성쇠가 회오리쳐도 모르는 척, 미동도 없는 바위를 쳐다보며 아련해진 유년의 추억을 덧칠해 본다. 책보자기 들쳐메고 논둑길을 지나 데굴데굴 뒹굴어 즐겁기만 하던 잔디벌판에 조무래기들 자글대던 그날을 그려본다.

그때 나는 에덴동산에 살았다. 놀고 싶으면 놀고, 졸리면 잠자고, 배고프면 먹고…, 삶에 대한 아무 걱정 근심 없던 그때가 내 생애 최초이자 마지막 낙원이었다. 가시 돋친 엉겅퀴 꽃에도 나비가 춤추고 벌떼들이 윙윙거렸다. 흐르는 개울물에 발을 담그면 송사리들이 모여들어 친구가 됐고, 우렁이 주우려 냇가 습지에 들어가면 키를 넘는 갈대들이 모두 내 친구였다.

헐벗고 가난했어도 천진난만했던 내 가슴엔 그때가 평화였다. 잘못했던 나에게 종아리를 치면서도 당신이 더욱 아파했던 아버지도, 또 맛있으면 먹는 것도 내게 먼저 주시던 어머니 사랑도 이젠 없다. 사랑 잃은 고아들의 고독이 뭉쳐 차라리 말없는 바위가 되었는가. 되돌릴 수 없는 세월, 비룡산 정상에 앉아있는 큰 바위가 넌지시 진리 하나 내려준다.

돌아갈 수 없는 삶….

(2014. 10. 21.)

만남과 헤어짐

만나고 헤어짐은 태어남과 죽음의 차이, 기쁨과 슬픔의 차이다. 또 어느 누구도 피할 수 없는 삶의 과정이다. 서로 다른 핏줄의 남녀가 만나 가정을 이루며 한평생을 함께 살다가 어느 날 각각 죽음으로 헤어져야 하는 운명 또한 피할 수 없다. 회자정리(會者定離)라는 옛말이 있다. 만나고 헤어짐은 태어날 때부터 정해진 이치고 순리임을 가르친다. 누구에게도 따라다니는 희로애락의 한 부분이다. 하루를 여는 아침의 태양을 보았는가. 하루를 마감하는 석양을 보았는가.

빛과 어둠의 관계도 곧 만남과 헤어짐의 관계다. 시작은 끝을 불러오고, 끝은 다시 시작으로 돌아가듯, 유형(有形)의 존재는 반드시 무형(無形)의 세계를 만나게 하고, 무형의 세계는 반드시 유형의 세계를 만나게 한다. 불가에서 이르듯 억겁을 도는 윤회다. 윤회 속에는 사랑도 있고 증오도 있고, 또 갈등도 있고 화합도 있으며 행복도 있고 불행도 있다. 자전도 하고 공전도 하며 쉼 없이 돌고 도는 게 만남과 헤어짐이다. 시작을 만나지 않는 사람 없듯, 헤어짐을 피해가는 사람도 없다.

일생을 살아오면서 내가 만나고 헤어진 사람들은 모두 얼마나 될까. 아침에 만나고 저녁에 헤어진 사람들, 눈으로 만나고 마음으로 헤어진 사람들, 웃는 얼굴로 만나 우는 얼굴로 헤어진 사람들…, 험산준령의 위험도 넘었고, 폭풍우 몰아치는 암흑의 바다도 건넜다. 아지랑이 피어나는 꽃동산도 거닐고, 오곡백과 주렁주렁 여무는 풍성한 계절도 스쳤다. 삶 자체가 모두 만나고 헤어짐의 반복이 아니던가.

행복과 불행, 기쁨과 슬픔, 억압과 해방, 전쟁과 평화…, 만나고 헤어짐을 어느 산술로 다 계산하고 어떤 수치로 도식(圖式)화한단 말인가. 내가 사는 내 인생이지만 내 마음대로 할 수 없듯, 만나고 헤어짐 또한 어찌 내 마음대로 되든가. 함께 있어 좋으련만 헤어져야 하는 운명이 그렇고, 헤어졌으면 좋았으련만 동거해야 하는 불행 역시 그렇다. 머지않아 세상과도 헤어지고, 생명과도 헤어져야할 인생들이 그렇다.

시작으로 만나 끝으로 헤어진 인연들은 또 얼마이던가. 아버지의 아버지들, 또 그 할아버지의 할아버지들…. 대대손손 이어져온 만남과 헤어짐이 그러했다. 막아도 만나야 했고, 붙잡아도 헤어져야 했다. 나도 이젠 만남의 세월보다 헤어짐의 세월이 가까워지고 있다. 그토록 만나고자 염원했던 소원 하나 이루지 못한 채, 세월은 나더러 헤어질 것을 재촉하고 있다.

벌써 가을이다. 어둠 덮인 새벽 운동 길에 1시간쯤 걷다보면 유등천 상류에 새로 놓여진 사정교(沙亭橋)를 만난다. 높다란 교각 위에 올라서서 두 팔 벌리고 별빛 총총한 9월의 새벽공기를 한아름 들이켜 본다. 폐부(肺腑)가 후련하도록 신선함을 만난다. 어제를 끝으로 세상과 헤어진 사람들을 생각해본다. 그들이 갈구해온 소망은 바로 오늘과의 만남이었을 것이다. 헤어지고 만남은 생(生)과 사(死)의 교차다. 존재와 부재의 순환이다.

내가 오늘도 시공 속에 존재하고 있다는 사실에서 스스로 경이로움을 깨닫는다. 어느덧 젊음과 헤어지고, 지금은 황혼에 빗겨선 늙음과 만나고 있지만, 그래도 오늘 이처럼 새벽 운동 길에서 새로운 생각들과 만날 수 있다는 것에 감사한다. 머리는 희어지고 얼굴은 주름졌지만, 아직도 세상과 만날 수 있다는 것 자체가 행복이고 영광이다.

동녘하늘에 여명이 밝아온다. 어둠 보내고 밝음을 만나야 한다. 절망을 보내고 희망을 만나야 한다. 사랑과 축복을 알리고, 평화와 행복을 기구한다. 새로 시작되는 오늘은 또 무슨 인연과 만나고, 헤어져야 하는가. 무엇들이 다가오고, 무엇들이 멀어지는가. 오는 세월은 만남이고 가는 세월은 헤어짐이다. 내가 사는 세월은 항상 오늘이고 새로운 만남이다.

자고 깨면 어제는 이미 헤어짐의 세월이었고, 내일은 또다시 기다림으로 다가서는 만남의 세월이 아니던가. 길섶에서 자지러드는 풀벌레소리가 어느새 여름과 헤어진 세월의 언어처럼 간절하다. 영원한 게 세월이지만, 촉박한 순간도 세월이다. 만나고 싶은 사람들의 얼굴이 환영(幻影)되어 스친다. 헤어져 멀어진 악연들 또한 복기(復碁)한 바둑돌처럼 또렷해진다. 만남과 헤어짐을 반복하는 세월의 흔적이던가.

생애구책으로 발버둥치던 숱한 날들이 모두 어디로 갔을까. 어젯밤 어둠과 헤어져 새롭게 미명을 만나는 교회당 십자가 불빛들이 곳곳에서 붉은빛을 들고 일어선다. 만나고 헤어짐을 이어주는 성령의 축복인가, 교회도 많다. 저 붉은 십자가 불빛들은 도대체 무엇과 만나고 또 무엇과 헤어짐을 상징하고 있을까.

사랑과 정의만 흐르는 평화로운 낙원. 날마다 기도하고 찬송하니 세상에는 온통 평화와 사랑, 행복만 흐를 것 같다. 영생을 떠들고, 부활을 떠들고, 사랑을 떠들고, 평화를 떠들고, 정의를 떠들고…. 그러나 저 많은 십자가의 불빛 속에는 쉴 날 없는 전쟁의 연속임에 어쩌랴. 오늘도 곳곳에서 종교전쟁이 끊임없다. 기도하고 찬송하는 교회와 신도들은 많아지는데도 사랑은 더욱 메말라지고 있는 것 또한 오늘의 현실이다.

예수 말씀은 무성해도 세상에는 정녕 예수님 사랑이 없다. 넘치는 예수사랑 속에 정녕 예수사랑은 메말라가고 있다. 우리는 무엇과 만나고 또 무엇과 헤어져야 하는가. 만나고자 하는 우리의 소원이 무엇이고, 헤어져야 하는 우리의 운명은 무엇이던가. 에덴동산에 살아야 할 아담과 이브가 무엇과 만나고, 무엇과 헤어졌기에, 선(善)과 악(惡)은 여전히 전쟁뿐이던가.

(2014. 9.)

긍정과 부정의 관계

사람 사는 세상은 참으로 오묘하다. 긍정(肯定)과 부정(否定) 속에서 존재를 세우고자 갈구한다. 때문에 서로가 '맞다' '틀리다', 또는 '기다' '아니다'를 반복하면서 허구한 날 갈등의 칼날을 세우고 산다.

긍정과 부정은 대립관계다. 그 속에는 산술로도 환산할 수 없는 선악의 가치가 들어있고, 도량형기로 계량할 수 없는 희로애락이 들어있다. 겉은 번지르르한데 속은 추악한 마음, 겉은 남루하고 어눌해도 속은 곱고 착한 마음…. 그뿐 아니다. 때로는 주위 사람들로부터 공분을 사고, 또 때로는 모든 사람들에게 찬사를 받는 게 긍정과 부정의 차이다.

나도 다르지 않다. 마음속에서 언제나 긍정과 부정이 갈등한다. 내 것이라 믿었던 것이 어느 날 갑자기 남의 것이 되는 실망, 남의 것이려니 단념했던 것이 어느 날 갑자기 내 것이 되는 희열, 겉으론 내편인 척 하면서 배신하는 갈등, 또 관계가 소원했던 사람이 어느 날 갑자기 내편이 돼주는 감사….

그러기에 인간세상은 '긍정'과 '부정'이 뒤엉켜 공존해야 하는가 보다. 둘이면서 하나 되고, 또 하나이면서 둘이 된다. 맞다 틀리다, 기다 아니다…. 허구한 날 시비로 뒤엉켜 사는 세상이듯, 긍정과 부정이 잠든 세상은 오히려 불안하고 답답하다. 긍정과 부정이 없는 침묵의 공간은 상상만으로도 질식이 덮치는 죽음의 세계 같다.

흐르는 물도 걸림돌이 많아야 소리가 나고 자정(自淨)이 된다. 슬픔과 기쁨이 뒤섞이어야 희로애락이듯, 부정과 긍정은 필연의 관계이면서 발전의 동력이 된다. 살기(殺氣) 등등하던 얼굴에 긍정의 말 한마디가 미소를 뿌리게도 하고, 선율처럼 부드럽던 마음에 서릿발 돋게 하는 부정의 말 한마디가 증오로 돌변하기도 한다.

긍정과 부정은 사람 속에서 끝없이 허우적대고 있다. 같은 몸속에 들었건만 무슨 일을 결정하려면 반드시 긍정과 부정이 갈등한다. 때로는 더욱 돋보일 수도 있으며, 때로는 더욱 침잠할 수도 있다. 빛이 없이는 그늘도 없는 명암의 이치나 마찬가지다. 추종자 없이는 군림할 수도 없다. 악(惡) 없이는 선(善)도 없다. 어둠으로 묻히는 밤이 있기에 한낮의 태양빛이 더욱 밝다. 긍정이 모두 순기능만도 아니고, 부정이 모두 역기능만도 아니다.

때로는 긍정이 부정으로 깊어질 수도 있고, 또 부정이 긍정으로 바뀔 수도 있다. 긍정과 부정은 서로가 경쟁을 하며, 중심을 잡아가는 필요의 선이고, 또 서로가 협잡하여 모순을 만드는 필요의 악이다. 시비 없는 세상은 발전이 없다. 불교 창시조인 석가는 "세상의 모든 존재는 나와 남이 따로 없이 모두가 부처"라고 했다. 또 기독교 창시조인 예수는 원수도 사랑하라고 전파했다. 긍정과 부정의 극치다.

모든 사람은 선악에서 자유스러울 수 없다는 논리는 선각자의 지혜다. 진실이 존재하고, 원칙이 존재하는 것도 '기다[認定]' '아니다[否定]'가 공존하기 위한 전제다. '악' 때문에 '선'의 가치가 더욱 인정이 되고, '선' 때문에 '악'에 대한 부정의 이유가 더욱 확실해진다. 위선 없이는 진실도 없다. 부정(不正)은 반드시 정의(正義)를 전제한다.

긍정과 부정을 암시하는 상대성원리가 존재하는 것은 인간세상뿐이 아니다. 우주 만물의 섭리 또한 다르지 않다. 24시간 하루가 되려면 밝은 낮 시간과 어두운 밤 시간이 공존해야 한다. 남자와 여자가 공존해야 인간 역사가 이어진다. 서로가 마주하는 대칭적 상대가 있어야 화합이란 상생의 공존논리가 구성된다.

공존이란 바로 '긍정'과 '부정'이 상생하고 발전하는 동력이다. 세월도 과거와 현재가 공존하면서 역사를 창조하고 있다. 지금의 엄청난 문명세상도 과거에 캄캄한 미개세상이 존재했었기에 가능했다. 과거가 있었기에 오늘이 있다. 긍정과 부정은 영원으로 이어지게 될 일맥상통이다. 시작과 끝은 두 개의 논리이면서, 또 하나를 의미한다. 무한(無限) 속에 공존하는 유한(有限)일 뿐이다. 태어나서 죽음을 뜻하기도 한다. 탄생은 긍정이고 죽음은 부정을 의미한다.

긍정과 부정은 단절될 수 없다. 희망과 절망, 행복과 불행, 희로애락, 흥망성쇠, 부귀영화 등 모두가 시작과 끝을 동반하는 단일체다. 자신의 생각을 중심으로 빚어내는 긍정과 부정의 형이상학이다. 사람마다 생각이 다르듯, 긍정과 부정의 기준도 각각이다. 오늘의 문명과 풍요가 영원하다고 어느 누가 장담하랴….

희망과 절망에서 찾아오는 행복과 불행은 세월처럼 영원할 수가 없다. 반드시 희로애락을 동반하고 흥망성쇠를 동반한다. 때문에 긍정도, 부정도 함께 어울려야 하나로 살아갈 수 있는 삶의 지혜가 아니던가.

(2008. 1.)

세상에 공짜는 없다

세상은 참으로 오묘하다. 존재하는 것들은 모두가 상대성(相對性)을 가지고 있다. 덧셈(+)과 뺄셈(−)의 관계도 상대성이다. 역사도 흥망성쇠(興亡盛衰)가 있다. 시작이 있으면 끝이 있듯, 있음은 곧 없음이다. 해도 뜨면 지고, 달도 차면 기운다. 낮과 밤이 합쳐야 하루다. 사람도 예외가 아니다. 남과 여가 존재한다. 탄생은 곧 죽음의 대칭이다.

진실과 위선도 마찬가지다. 위선이 있기에 진실의 가치가 높아지고, 진실이 있기에 위선을 비판하게 마련이다. 보태기와 빼기도 같은 이치다. 그런데도 사람들은 오관의 욕망을 모두 채우려는 보태기 욕심뿐이다. 1백 년도 못 살면서 천 년의 욕심을 부린다. 모두가 뺄셈의 지혜나 공평(公平)의 이치를 버리고 산다. 경쟁과 갈등, 위선과 흉계가 생기는 이유다. 무한과 영원은 오로지 신(神)만의 소유다.

요즘 공짜 정치가 세상을 시끄럽게 한다. 공짜 권력, 공짜 특혜로 호사를 누리는 공짜 정치꾼들이 세상을 공짜로 흔들고 있기 때문이다. 공짜 밥, 공짜 교육, 공짜 치료…, 심지어는 시장바닥 상혼들까지도 공짜 호객행위가 유행이다. 세상에 공짜란 있을 수 없다. 공짜 뒤에는 누군가가 반드시 보상을 한다. 공짜 정치가 만들어내는 잘못된 세태사조(思潮)다. 공짜 사조는 선거 때 표심을 유혹하려는 망국 정치의 지름길이다. 돈을 뿌려 더 큰 영욕을 채우려던 최근 어떤 기업인의 천민적 공짜욕망은 끝내 죽음으로 빠져들고 말았다.

공짜로 생색내는 정치인들의 위선 뒤에는 허리 휘도록 배상해야 하는 민초들의 세금과 희생이 따른다. 공짜 정치는 거짓말이고, 공짜 상혼도 거짓말이다. 공짜 거짓말은 모두가 진실을 짓밟는 도둑놈들의 위선이다. 특히 나라를 다스리는 정치권력들이 진실을 짓밟을 때 돌아오는 부메랑은 국민들에게 세금폭탄과 망국의 죽음뿐이다.

얼마 전 어느 국무총리가 공짜 돈 3천만 원에 시비가 되어, 자리를 지키지 못한 채 눈물을 머금고 낙마했다. 공짜 유혹에 빠져 진실의 심판을 받은 사례는 적지 않다. 국가 기강을 세우는데 이정표가 돼야 할 어느 전직 대통령도 재임시절에 빠져든 공짜 유혹, 부정비리 때문에 수사 받던 중 스스로 목숨까지 끊어야 하는 불행한 역사를 남겼다.

또 같은 시절에 제2인자 권력을 휘두르던 어느 여자 국무총리도 공짜 뇌물 시비로 오랫동안 사법부 문턱을 드나들었으나 결국은 감옥살이 중이다. 유죄무죄를 떠나 국가기강을 책임져야 하는 사람들의 후안무치(厚顔無恥)한 추태다. 공짜로 배 채우기 하다 오랏줄에 묶여 감옥 가는 정치인들은 부지기수다.

태어날 때 이미 약속된 죽음이란 절망을 잊게 하기 위해 조물주는 인간들에게 보태기 본능을 허락했을 것이다. 결혼으로 동반자를 보태고, 가정이란 속에서 아이들을 보태고, 또 권력과 명예도 보태고, 더 많은 재물도 보태게 했다. 보태기 본능은 종교계까지도 똑같다. 교회나 불가에서는 신도 보태기, 헌금 보태기 경쟁을 한다.

석가는 "비움이 클 때 얻음도 크다"고 이른다. 또 예수는 "나눔이 곧 사랑"이라고 이른다. 선각자들은 덧셈과 뺄셈의 이치가 마주(相對)하고 있음을 가르쳤다. 믿음도 줘야 받고, 사랑도 줘야 받는다. 세상에 나 혼자만 차지하는 공짜란 없다.

진리는 보태기만을 허락하지 않는다. 비우기를 위한 뺄셈의 이치도 가르쳤다. 그러나 사람들은 보태기 욕심만 주종 업(業)으로 삼는다. 보태기만 하다 보면 욕심을 부르고, 그 욕심은 다시 탈을 만든다. 부족하고 귀할 때는 작은 것에도 감사하고 고맙던 마음이, 조금씩 보태기가 늘어나면서 나도 모르게 교만과 더 큰 욕심이 찾아온다.

작은 공짜가 큰 공짜로 마음에 병이 커지면 덩달아 허영과 사치, 낭비, 퇴폐로 이어져 패가망신이 손짓한다. 아궁이 불이 과하면 솥 안에 있는 맹물도 끓어 비등(沸騰)점에 다다른다. 빨리 찬물을 부어 과열을 식혀주지 않으면 솥이 깨져버린다. 넘치는 화를 다스리는 길은 뺄셈의 지혜뿐이다.

덧셈이 중요하면 뺄셈도 중요하다는 이치는 생활 속에서 수없이 체험한다. 덧셈과 뺄셈의 관계를 정확히 깨달으면 그 사람은 그 시대에 성공한 사람이다. 저울대가 수평을 이룰 때를 가리켜 "공평하다"고 한다. 보태기, 빼기의 공통점을 깨닫는 것은 곧 공평의 이치를 깨닫는 지혜다. 때문에 성공의 조건은 지식보다 지혜가 앞서야 한다.

욕심은 지혜의 눈을 막기 일쑤다. 지식이 많다고 지혜가 많은 것은 아니다. 지혜는 옳고 그름을 판단한다. 옳은 마음과, 옳은 생각을 갖도록 하는 것이 지혜다. 공평을 지키는 게 곧 중용(中庸)이고 지혜다. 불가에선 중용의 덕목을 소중하게 가르친다. 더함도 없고 부족함도 없는 것으로 만족함을 깨닫는 지혜….

"예쁜 자식에겐 매 한 대 더 때리고, 미운 자식에겐 밥 한 술 더 준다."는 속담이 떠오른다. 매 한 대 더 때려 넘치는 사랑을 절제해야 하고, 밥 한 술 더 주어 어깃장 부리는 마음을 달래 주어야 한다. 세상 살기가 어디 그리 쉬운 일이던가. 보태기가 중요하다고 생각하면, 빼기도 중요하다. 상대성원리를 또다시 생각해 본다.

세상에 공짜는 없다. (2015. 10.)

숭덕광업(崇德廣業) 정신

며칠 전 점심시간이다. 몇몇 친구들과 어울려 시내 어느 한정식당엘 갔다. 규모가 꽤나 큰데다 개업한 지 얼마 안 돼 내부치장도 말끔하다. 내가 시장했던가? 선입견에 맛깔스런 음식솜씨까지 연상됐다.

그러나 분위기가 썰렁하다. 한창 붐벼야 할 시간에 자리가 텅텅 비었다. 뭔가 이유가 있을 것이란 직감이 스친다. 일단 들어섰기에 아무 말 없이 탁자에 둘러앉으며 종업원에게 주문받으라고 하자, "물은 셀프이니 각자 가져다 마시고요, 음식 선택은 저쪽 벽에 걸어놓은 메뉴판보고 결정하세요" 한다. 종업원의 응대부터 살갑지 못하다. 지극히 사무적이고 도도한 영업방식이다.

주인으로 보이는 50대 건장한 장년이 계산대에 앉아 있으면서도 여종업원들의 응대태도를 물끄러미 쳐다만 보고 있다. 식당 분위기가 왜 썰렁한지를 금방 깨닫게 한다. 그래도 주인의 등 뒤

벽면에는 누가 써다 붙여주었는지 '숭덕광업(崇德廣業)'이란 커다란 휘호(揮毫)까지 내걸렸다. "덕을 숭상함으로써 업을 크게 이룬다."는 의미일 게다. 주인이나 종업원들의 태도로 보아 휘호를 쳐다보기가 민망하다. 어쩌다가 선현의 교훈적 말씀이 못된 상혼을 만나 봉변당하고 있다고 생각하니 언짢기까지 하다. 식당 영업은 서비스업이다. 또 친절해서 세금 나가는 것도 아니다.

"넓은 공간에 비해 손님이 적네요."

주인을 향해 넌지시 말을 건넸다. 불친절한 자기업소의 잘못된 영업태도는 하나도 깨닫지 못한 채, 주인의 말은 "요즘 경기가 없다"며 "정부시책이 개판"이라고 불평불만으로 열을 올린다. 그렇다고 값이 싼 집도 아니다. 비틀리고 있는 주인의 역설적 사고가 안타깝다. 왜 장사가 안 되는지 자기반성은커녕 정부시책 잘못만 거칠게 나무란다. 영업하는 사람에겐 고객에 대한 친절이 제일 덕목이다. 나를 낮추고 남을 높이면 결국 내가 더 높아지는 게 숭덕(崇德)의 진리다. 게다가 음식 맛까지 남다르게 만들어내면 식당업으로서는 더 이상 없는 광업(廣業)의 기본이다.

최근 값비싼 백화점 명품코너마다 발 디딜 틈이 없다는 보도를 자주 본다. 국산자동차보다 값비싼 수입자동차가 더 많이 팔린다고도 한다. 산과 바다, 또 때와 장소 가릴 것 없이 명승지 곳곳마다 사시사철 행락인파로 인산인해다. 연휴, 명절 때는 말할 것도 없고, 평소에도 외국으로 떠나는 여행인파로 인천공항이 북새통이라는 방송도 숱하게 나온다. 또 먹다버린 음식물찌꺼기 처리에 매년 수조 원씩 국가예산이 소요된다는 정부 발표도 있다. 입다버린 아파트 헌옷 수거함도 넘쳐난다. 시내에서도 인파가 몰려, 번호표 받아들고 줄서 기다리는 음식점들도 많다.

음식점 영업이란 맛에 비해 값싸고 친절한 노력이 성패를 좌우한다. 업소 스스로 해야 할 일 제쳐놓고 정부시책 탓할 게 아니다. '경제정책 잘못'은 정부를 흔들어대기 위한 불순세력들의 단골 메뉴다. 사업성공의 정답은 바로 '숭덕광업'이다. 문명이 넘쳐나고 의식주(衣食住)가 남아 도는데도 사회 전반에 숭덕(崇德)정신은 역류하고 있다. 남에게 베푸는 것은 싫고, 오직 내 욕심만 챙기려는 극단의 이기주의가 넘친다. 배후에는 불순한 이념선동 정치가 도사리고 있다. 배고프고 헐벗는 고통을 겪어보지 못한 안일한 세대들에게 공짜정치를 앞세워 정부에 대한 불만불평 의식을 조장하고 있다.

불과 30~40여 년 전에 비해 행복조건과 삶의 질이 산술로 셈할 수 없을 만큼 높아졌는데도 행복하다는 사람은 찾아보기 어렵다. 사회정서는 더욱 삭막해지고, 개인마다 이웃마다 이기주의 벽은 더욱 높아지고 있다. 북한의 적화통일 이념에 동조하는 종북 세력들의 역설적 논리에 세태가 흔들리고 있다. 툭하면 민주주의 구호를 내세워 역으로 민주주의를 짓밟고 있다. 더구나 사회적으로 구심점이 되고, 선도자가 돼야 할 사람들이 자기 사명 버리고 천민적 공명심에 들떠 갑(甲)질을 하고 있다. 정치가가 정치를 파괴하고, 학자가 학문을 거부하고, 신앙인이 종교를 부정하는 역설적 사조가 오늘의 세태에 만연되고 있다.

헐벗고 배고프던 시절에 없었던 사회풍조다. 골목길 담장마다 누더기지고, 주택가 대문 틈마다 쌓이는 광고지 대부분이 '폐업정리' '부도처리' 등 듣기마저 섬뜩한 극단적 표현의 사기(詐欺) 상혼이 넘쳐난다. 사회가 온통 불경기 홍수에 휩싸인 것처럼 절박감을 유도하는 위선 상혼이 선량한 소비민심을 혼란시키고 있다. 그뿐 아니다. 어딜 가도 핸드폰가게마다 공짜 선전이 넘쳐난다. 역시 공짜 정치가 불러들인 사회 사조(思潮)다. 속고 속이는 사기 상혼이 상도(商道)를 흔들어댄 지는 오래다. 세상에 있을 수 없는 '공짜'란 선동으로 진실을 속이고 있다.

허상이 생활의 주체가 되고 위선이 생활의 수단이 되고 있다. 그러나 허상은 반드시 무너지고 진실은 드러나게 마련이다. 인생은 누구나 업(業)을 짓고 산다. 스스로 덕을 높여 숭상할 때, 짓는 업도 스스로 넓어지고 흥하게 된다. 시대가 바뀌어도 숭덕광업(崇德廣業)정신은 불변의 진실이다.

(2015. 12.)

황새는 지금 무얼 저리도 심각하게 고민하고 있을까.
쳐다볼수록 공상이 무거워진다.
가뭄 덕분에 물고기를 쉽게 포식한 당장의 호사뿐일까.
아니면 한 번의 포식에만 눈멀어 물고기들의 씨를 말렸으니,
미래양식을 걱정하는 고뇌일까.
당장에 거머쥔 권력에 만족해 뒷날 걱정 않고
당쟁만 일삼는다면 미래엔 더욱 심각한
정치 가뭄이 닥칠 수도 있다는 경고일까.
저리도 골몰한 황새들의 고뇌가 궁금하다.
– 본문 중에서

제5부

순리(順理)와 역리(逆理)

자빠지고 얻은 교훈

계사(癸巳)년 설 다음날 아침이다. 작취미성의 혼돈한 정신을 다스리기 위해 일찍이 걷기운동에 나섰다. 아파트단지 후문을 지나 서대전역 뒷길로 이어지는 골목에서 난데없이 나뒹구는 봉변을 당했다. 고층아파트 그림자 때문에 하루 종일 햇볕조차도 외면하는 그늘진 도로인데다, 테니스장에서 밀어낸 눈더미가 녹아내려 군데군데가 지난밤 강추위에 얼어 빙판이다. 입춘도 지났건만 아직도 어깃장 부리며 춘래불사춘(春來不似春)을 지키고 서있는 동장군의 심술몽니에 계사년 정초부터 그만 내가 당했다.

얼떨결에 툭툭 털고 일어섰지만, 서대전역을 오가는 많은 사람들의 시선에 지은 죄 없이 공연한 부끄러움으로 뜨겁다. 어떤 아주머니는 짓궂게도 "나도 보았다"는 듯이 "다친 데 없으세요?" 묻고 호들갑을 떨어주니, 못 본 체 곁눈질이나 하며 지나치는 몰인정보다는 고맙지만, 정초 아침부터 빙판에 나자빠진 늙은 마음

더욱 괴망하고 민망스럽게 만든다. 또 어떤 이는 대놓고 말은 없지만 속으로는 "이 추위에 늙은이가 정초 이른 아침부터 주책없이 빙판길 나돌다 자빠지고 극성이냐"며 책망의 눈빛을 던지는 것도 같아 심사는 더욱 사나워진다.

평탄치 못할 한 해를 예고하는 것 같은 불길한 상념을 무겁게 짊어진 채 2시간동안 걷기운동을 마치고 돌아오는 길이었다. 설날 마셨던 주독은 많이 가벼워졌지만, 아직도 얼얼한 엉덩이를 어루만지며 자빠진 빙판길에 다시 들어선다. 자빠진 자리, 빙판길을 보고 또 본다. 다른 사람들은 아무 탈 없이 무사히 오가는데, 나만 혼자 자빠졌다면 과실은 분명 내 몫임을 반성한다. 옛 같지 않게 둔화된 육체동작 생각도 없이 방심한 내가 잘못이지….

사노라면 자빠지고 넘어지는 길이 어찌 빙판길뿐이던가. 험상궂은 산악 길도 있고, 평탄한 들길도 있다. 또 캄캄한 암흑의 길도 있고 광명천지 해밝은 길도 있다. "인생 삶은 길 걷는 것과 같다."고 비유한 석학도 많다. 서울로 가는 길, 부산으로 가는 길 등 육체적으로 걸어야 할 형이하학(形而下學)적 길도 많지만, 성공의 길, 행복의 길, 불행의 길, 학문의 길, 탐구의 길 등 정신적으로 걸어야할 형이상학(形而上學)적 길도 많다. 그 많은 인생길 모두가 잘못하면 넘어지고 자빠지는 길이다.

사람이 살아가는 길은 모두가 희로애락과 영고성쇠로 반복되는 길이다. 밝고 고운 아침햇살 받으며 누가 해질녘 쓸쓸함을 생각한

단 말인가. 아무 준비 없이 나선 길에서 소낙비를 만날 줄 누가 생각이나 할까. 미리부터 자빠질 것을 예상하는 사람은 아무도 없다. 또 자청해서 자빠지는 사람도 없다. 부지불식간의 잘못 때문에 자빠지고 상처 나고 고통 받고 후회하길 거듭한다. 한 번뿐인 인생, 고귀한 인생을 곧잘 떠들면서도 하찮은 돌부리에 넘어지고 빙판길에 미끄러지기 일쑤다.

돌아보면 내가 살아온 길도 예외는 아니다. 순간의 방심 때문에 넘어지고 자빠지고 뒹굴고 상처 나고 고통 받기 부지기수이었다. 내 잘못 때문에 애매한 남들까지 함께 자빠지고 뒹군 경우도 있다. 그때마다 깨닫기도 하고 다짐도 해보건만, 시간 지나면 다시 또 자빠지고 뒹굴기를 반복하는 게 너나 없는 우리들의 인생사다. 자빠지고 뒹굴면서 생겨나는 육체적 상처는 시간이 지나면 치유되지만, 순간의 착각과 욕심에 걸려 인생 전부를 자빠뜨리고 넘어뜨리는 정신적 상처는 쉽게 아물지 않는다.

가끔 정부 각료후보자들의 인사청문회 장면을 TV에서 본다. 욕심의 덫에 걸려 총리나 장관자리 문턱에서 넘어지고 뒹굴고 망신당하는 사람들이 많다. 빙판길에 넘어져 엉덩이 조금 아픈 정도의 내 잘못쯤은 아무것도 아니다. 또 높은 권력 등에 업고 부정비리 유혹에 넘어져 패가망신하는 사람들도 본다. 욕심의 덫에 걸려들어 넘어진 잘못을 어쩌지 못해 스스로가 죽음을 선택한 어느 전직 대통령의 불행도 보았고, 또 비리의 덧에 걸려 넘어지고도 안 넘어졌다고 억지와 떼법으로 우겨대던 어느 여자 재상의 가증스런 파렴치도 보았다. 잘잘못을 떠나 부정비리의 덫에 걸려 넘어질 뻔했다는 것 자체만으로도 재상(宰相) 직(職)을 누린 자의 도덕성에 돌을 던질 수밖에 없다.

평생을 살면서 한 번도 넘어지지 않고, 자빠진 경험 없이 살아온 사람 누가 있을까. 한 번도 실패 없고, 후회 없이 살아온 사람은 또 누가 있을까. 잘못을 시인하고 반성하면, 잘못이 오히려 인생의 거울이 되고 성공의 동력이 될 수도 있다. 흡사 야당의 정치꾼들처럼 잘못을 잘못이 아니라고 우겨대면 더 큰 병폐, 더 큰 잘못이다. 진실이 알고 정의가 심판한다. 넘어진 것을 계기삼아 당당하게 일어선 사람들이 얼마나 많은가. 좌절을 딛고 성공한 사람들은 또 얼마나 많은가.

나 또한 자빠진 자리 빙판길에 대고 눈 흘기면서도 반성한다. 미처 생각지 못했던 또 한 가지 삶을 배우고 깨닫는다. 빙판길위에서 자빠진 것은 빙판의 잘못이 아니고, 절대 내 잘못이다. 또 내가 자빠지는 것을 보고, 남들에게 경종이 되어 더 이상 그 자리에서 자빠지는 사람이 없으면 그 또한 교훈이고, 인연되는 삶의 길이 아니겠는가.

자빠지고 얻은 빙판길 교훈이다.

(2013. 2. 12)

나 죽으면 너도 죽는다

—溪雲의 투병의지에 부쳐

누구나 내 뜻대로 살지 못하는 게 인생이다. 살다보면 내 뜻과 관계없이 마주치는 일들이 한두 가지가 아니다. 우연일 수도 있고, 필연일 수도 있다. 또 얻는 것도 있고, 잃는 것도 있다. 어느 날 갑자기 고통과 함께 다가서는 질병도 그렇다. 뜻밖에 만나는 인간의 길흉사(吉凶事)를 우리는 그래서 '운명'이라고도 말한다. 때로는 '운명'이 행운의 동력이 될 수도 있지만, 저주와 원망으로 다가서는 고통이 될 수도 있다. '생명'과 '운명'은 함께 공존하면서도 점 하나 떼면 '님'이 되고, 점 하나 붙이면 '남'이 되는 유행가와 같다.

눈발이 펄펄 날리던 세밑의 어느 날이다. 고향친구들 모임인 '우리들 모임'에서 갑오년(甲午年)을 보내는 망년의 점심 자리였다. 일찍이 고향 떠나 타향객지에서 생애구책에 고군분투하며 희로애락을 넘나든 인고의 세월이 얼마이던가. 고생고생 무거운 삶의 등짐을 짊어지고 가파른 언덕에 올라 이제 겨우 한숨 좀 내쉴 만하니, 인생은 어느덧 석양에 기울었다. 청춘도 보내고, 세월도 보내고 이젠 사회적 존재가치마저도 퇴색한 은퇴인생들의 아련해진 옛이야기 안주삼아 식사 전에 우선 소주잔부터 돌았다. "우리 모두의 건강을 위하여!"를 외치며 "새해엔 모두 행복하자"고 다짐도 했다.

겉으로는 태평한 척 껄껄대지만 어느새 '은퇴'란 관문을 지나 패기도 용기도 모두 노쇠해진 채, 자존심 하나에 인생 말년을 매달고 사는 잉여인간들…. 생각만으로도 '은퇴'란 서글픈 '운명'이다. 가족들의 관심조차도 예 같지 않을 만큼 소외감이 무거워진 말년인생들이다. 저항력이 약해져 몸 안에 병원균이라도 침입하는 날이면 해빙기 언덕의 토사처럼 속절없이 무너져 내리기 일쑤다.

술잔이라면 거부하지 않던 계운(溪雲)이 평소답지 않게 술잔 내려놓으며 나직이 말문을 연다. "얼마 전에 신장 암(癌) 수술을 받아 술을 마실 수가 없다"는 얘기다. 여기서도 어김없이 '운명론'이 등장한다. 일선에서 은퇴한 지 오래 됐지만, 계운은 현대인들로서는 따를 수 없을 만큼 해박한 유학(儒學) 지식으로 곳곳에서 선도(善導) 봉사에 바쁘다. 삼동의 설한풍에도 늘 푸르러야 하는 상록수의 '운명'은 고통이라고 했던가. 인의예지(仁義禮智) 신념 하나 꿋꿋하게 지켜 사는 계운의 올곧은 심신에 몹쓸 병고가 침입했다니 그도 '운명'이던가.

예측할 수 없는 게 사람의 '생명'이듯, '운명' 또한 어느 누가 짐작이나 할 수 있으랴. '생명'이 있어 '운명'이 있고, '운명'이 있어 '생명'도 있다. 한 몸 속에 동거하면서도 생리가 다르다. '생명'이나 '운명'은 누구도 대신할 수 없다. 조물주의 엄격한 양자구분 섭리다. 한 핏줄로 태어난 형제도, 평생토록 살을 섞어 산 부부도 대신할 수 없으며, 피와 살을 물려준 부모 자식 사이도 대신할 수 없는 게 '생명'과 '운명'이다. '생명' 속에 서식하는 병고(病苦) 또한 누구도 대신할 수 없으니 이 또한 '운명'이 아니던가.

그래서 '인생'의 화두는 툭하면 '운명'이다. 신이 아니고서는 '생명'과 '운명'은 아무도 모른다. 내 생명이고, 내 운명이지만 나도 모른다. 과거도 그랬지만, 현재와 미래도 모두 모르고 사는 게 '운명'이고 '생명'이다. 동서고금의 명현 석학들마저도 자신의 '생명'과 '운명'을 알고 살았던 사람은 아무도 없다.

신장 암과 싸우는 계운의 표정은 차라리 초연하다. '수양으로 얻는 충만'의 신념일까. 날마다 암세포에게 "내가 죽으면 너도 함께 죽는다. 운명이 정해준 대로 우리 동고동락 하자."고 달래며 다독이고 있다는 투병 설명이 태연하다. "암세포를 죽여야 내가 살 수 있다."고 노심초사하는 범부미생들의 투병의지와는 사뭇

다르다. "병도 하나의 수양"이라고 가르친 조선조 선조 때 명의 허준(許浚) 선생의 교훈이 스친다. 삶에 대해 얼마나 많은 고심을 했으면 하나뿐인 '생명'을 '운명'에 맡긴 채 차라리 "병고와 동고동락 하리라"는 생각까지 했을까.

소리 없는 절규는 고통의 비명보다도 처절한 기구(祈求)다. 아무도 대신할 수 없는 '생명'과 '운명'…. 육체적 고통과 정신적 갈등의 기로에서 '생(生)'과 '사(死)'를 '운명'에 맡겨야 하는 계운의 독백을 듣노라니 고향의 인연을 함께하며 한 해를 마무리하는 '우리들' 모두의 마음 또한 안타깝기 그지없다. 투병의 고통을 나 아닌 누가 알까.

그러나 고통과 저주의 '운명'에도 행운의 역설은 살아있다. 행운은 천로역정의 고난 끝에서 만나는 희망이다. '운명'이 '생명'을 지배한다지만, 그러나 세상에는 '생명'이 '운명'을 극복한 사례도 있다. 우화지만 토끼와 달리기 경쟁에서 거북이가 이겼다. 느림보의 '운명'을 극복한 역설적 증거다. "나 죽으면 너도 죽는다."는 신념으로 암과 투병하는 계운의 투병 지혜에 '우리들' 모두의 마음 모아 쾌유를 빈다.

(2014. 12.)

당신은 영원한 스승

올해도 벌써 허무가 손짓하는 11월 하순이다. 어느새 또 한 해가 마지막 문턱에서 서성인다. 상념 한 움큼 쓸어 담은 배낭 하나 들쳐 메고 콩밭 매던 아낙의 고장 칠갑산을 찾아간다. 초록 잎 칼날 세워 무성하게 서걱대던 억새밭 능선이 모두 적갈색 죽음되어 하얗게 풀어헤친 세월의 군무가 허공을 향해 흐느적거린다. 그렇게 가고, 또 그렇게 오는 게 세월이던가. 야윈 계곡 어디선가 청승맞게 울어대는 산비둘기 울음소리가 늦가을 석양풍경을 더욱 을씨년스럽게 한다.

능선을 돌아 해질녘 찾아든 장곡사 계곡 민박집. 등 굽은 아주머니 바쁜 일 때문에 손님 받을 틈도 없다며 손사래 친다. 너스레 떨며 헛간채에 쌓아둔 장작 한 아름 날라다 내 손으로 아궁이에 불을 지핀 후, 콩 타작마당 일손을 돕는 척하자 고마움에 들뜬 아주머니 마음은 더욱 허둥댄다. 구기자 막걸리 한 대접에 산채비

빔밥 늦은 저녁 꿀맛으로 때우고 나니 따뜻해진 아랫목 정취가 멀어진 고향 추억까지 불러온다. 칠갑산 그림자까지도 모두 먹어치운 육중한 어둠의 침묵 때문인가. 창가에 낙엽 쓸려가는 바람소리가 더욱 스산하다.

별들의 밀어까지 들릴 듯 적막한 산촌의 밤은 무량한 사색을 엮어낸다. 고속열차, 비행기 또는 인터넷을 타고 방대한 욕망의 꿈을 꾸느라 갈등에 허덕이는 군상들의 세태…. 삶이란 누구에게나 밝음과 어둠의 시소놀음이 아니던가. 깜빡 단잠 깨고 나니, 돌담 넘어 돌돌대는 개울물소리가 삼경을 씻어 내린다. 배낭 속에 넣고 간 엄기창(嚴基昌) 선생의 시집 ≪춤 바위≫를 꺼내 펼친다. 〈황혼 무렵〉에서부터 〈결시(結詩)〉까지 90여 수를 읽고 나니, 어느덧 여명을 예고하는 장곡사 범종소리가 은은한 울림되어 새벽 4시를 알린다.

≪춤 바위≫ 갈피에서 지은이 엄 시인의 얼굴이 떠오른다. 속상해도 빙그레, 즐거워도 빙그레, 깊은 강물 속에 낚시 드리운 태공의 한유(閒遊)처럼…, 그러나 그럴 때일수록 마음줄 다잡고 동여매기를 거듭한 사도(師道)의 세월 30여 성상. 지난여름(2014.8.) 대전 둔산여고에서 정년을 마치면서 세 번째 시집을 냈다.

"아이들이 너무 예뻐서/ 세월 가는 것을 잊다가/ 내 신발이 신발장 밖으로/ 밀려나는 줄도 몰랐네."(〈세월 속에서〉 전문)

재잘대던 숱한 언어들, 반짝대던 예쁜 눈빛들, 또 사춘기에 들뜬 끝없는 이상의 날갯짓들을 다독이며, 오로지 제자들 가르침에 사도를 지켰다. 겉으론 부드럽지만 속으로는 강했던 외유내강(外柔內剛), 그리고 내가 할 일이 무엇인지 분명한 성격, 제자들에게 자상하면서도 무서웠던 천직의 표상이었다. 엄 선생의 가슴은 깊고도 넓다. 감춤도 숨김도 없지만, 가볍게 드러내지도 않는다. 의로운 일에는 앞장서고, 옳은 일에는 피하지 않는다.

그릇됨을 경계하던 참스승. 지극한 애정의 아버지 마음이다. 변해서는 안 되는 신념과 근본을 흔들림 없이 지켜내야만 세상을 아름답게 변화시킬 수 있다는 소신에 흐트러짐 없던 스승이었다. 누구의 말길에도 경솔하게 끼어들지 않고, 헤프게 말을 쏟아내 누구의 감정과도 부딪치는 일이 없다. 시구마다, 행간마다 그 울림이 절절하다.

엄 선생은 또 자아의 가치를 창출하는 시인이다. 쉽게 접근할 수 없는 깊고도 먼 심연에서 옥빛 조롱바가지로 부처님자비 같은 서정을 퍼 올린다. 읽을수록 명징한 시편마다 천년 미소로 흐르는 부처님의 향기가 배었다. 태어난 곳도 공주 마곡사 계곡 산밑 동네였지만, 심성 또한 부처님 정기를 닮았다. 그래서 그의 별명도 '엄 부처'다.

얄팍한 세태에 편승하거나, 천박한 욕심에는 기웃거리지도 않았다. 차례대로 돌아오는 교감, 교장자리도 스스로 '포기원(抛棄

願)'을 써가며 오로지 제자들의 눈빛 앞에서 교단을 지켰다. 그의 시 〈포기원〉 행간마다 스승의 뜻이 담겼다.

> 포기원을 쓰면서/ 걸어온 길 돌아보네./ 서른세 해 입고 있던/ 솜옷을 벗은 듯하네./ 마음에 남은 얼룩/ 한숨 뱉어 지우고/ 푸른 깃발 내린 깃대에 무색(無色) 깃발 올리네./ 가끔은 쉬어가며/ 세상구경 하려 하네./ 아이들 곁을 지키는/ 파수꾼이나 되려하네.
>
> –<포기원을 쓰면서> 전문

가르침의 철학에선 누구에게도 무서운 죽비(竹篦)선생이었다. 요란스런 정년퇴임식도 마다했다. 오히려 정년퇴직하던 마지막 날, 마지막 시간까지 평소 시간표 대로 담당했던 교과목을 제자들에게 모두 쏟아놓고 나왔다. 퇴직하던 날 끝 수업시간엔 학교 전체 교직원들까지 몰려와 엄 선생의 마지막수업을 경청했다. 빈틈없는 사도에 박수가 쏟아졌다.

온화한 그의 환영(幻影)이 떠오른다. 오늘의 여행은 엄 선생에 대한 공부였다. 시집 ≪춤 바위≫를 덮으며 내가 살아온 길을 되돌아본다. 툭하면 생색내기 바빴고, 수다떨기 바빴다. 모르면서도 아는 체, 알면서도 모르는 체 위선과 무명(無明)으로 바빴다. 지금 생각하니 나에겐 인생 광주리에 담아내놓을 열매가 하나도 없다. 나 스스로가 부끄러움을 깨닫는다.

가난해도 가난하다고 느끼지 않으면 가난한 게 아니다. 지위가 낮아도 낮다고 느끼지 않으면 낮은 게 아니다. 또 진실은 스스로가 진실이라고 말하지 않는다. 엄 시인은 천직을 지켜낸 영원한 스승이다. 세태욕심에 휩쓸림 없이 오로지 가르친 제자들의 성장만을 보람으로 여긴 엄선생의 사도(師道)적 가치관이 더욱 존경스럽다.

(2014. 11. 24.)

어느 재벌의 죽음이 준 교훈

'나'를 생각해본다. 바꿔서 '너'를 생각해본다. 아무리 생각해봐도 나는 나고, 너는 너다. 우리는 서로가 엄연히 다른 개체다. 그러나 우리는 혼자 살 수 없다. 나한테는 네가 필요하고, 너한테는 내가 필요하다. 사랑으로 애정을 달구는 것도, 우정으로 마음을 나누는 것도 서로가 서로를 필요로 하는 '우리'의 인연이 아니던가.

어느 때는 마주 보기만 해도 믿음이 쌓이는 즐거움, 어깨를 기대며 서로가 의지하는 아늑한 정감…. 그러면서도 때로는 감시하고 경계하는 눈빛이 서리고, 뾰족하게 돋아난 시기 질투가 섬뜩한 것도 우리다. 너도 나도 인간이기에 가슴에 품은 애증은 마찬가지 아니겠는가.

태어나는 순간부터 잠들지 않는 운명에 이끌려, 너와 나는 피할 수 없이 이어진 관계다. 내 존재는 반드시 너를 통해서만 확인이

가능하고, 네 존재 역시 내가 있기에 확인이 가능한 것 아닌가. '내'가 있기보다 먼저 '너'가 있어야 '우리'가 된다는 사실에 너와 나는 순응해야 한다. 인연이기에…. 세상에 나 혼자만 존재하는 독불장군은 아무도 없다.

얼마 전 나는 어느 지인의 비참한 죽음을 보았다. 대전에서 손꼽히는 재벌가의 충격적 피살사건이었다. 80이 넘은 나이에 자신의 사무실에서 목 졸린 타살체로 발견됐다. 범인은 놀랍게도 수십 년간 자식처럼 가족처럼 함께 다니던 40대 운전기사였다.

뒷얘기는 아직도 무성하다. 범인의 얘기보다는 죽은 사람의 뒷얘기가 더욱 무성하니, 이 또한 혼자일 수 없는 세상인심의 반증이 아니던가. 잘못조차도 소신으로 알고 살아온 독선뿐, 그 노인의 주변에선 누구와도 나눔이나 자선(慈善)의 얘기는 없었다.

후원, 찬조, 불우이웃돕기 같은 인정과는 절연하고 살았다. 졸부(猝富)들도 즐기는 그 흔한 매명(賣名) 한 번 없었다. 철저하게 모으기만 하다 죽은 '혼자뿐'의 종말이었다. '우리' 없이 '나' 혼자 살다 간 고인의 유명이 그래서 더욱 많은 뒷얘기를 뿌리고 있는지도 모른다.

가족끼리 재산분배 송사(訟事) 과정에서 흘러나온 얘기지만 그가 모은 재산은 시가로 무려 1조원도 넘는다는 소문이다. 때문에 상속권 다툼으로 형제자매 가족들 간의 인연까지도 풍비박산 났다. 혼자만의 생각, 혼자만의 집념으로 살다간 망자의 독선후유증이다.

그는 6·25전쟁 때 북한에서 단신 월남했다. 청소년기에 홀로 사선을 넘어왔으니 누구보다도 처절했던 고난의 삶을 일찍이 체험했다. 그래서인가. 몸에 밴 생활신조도 오로지 '나'뿐이었다. 절대로 남에게 손해 끼친 일도 없지만, 베푼 것은 더욱 없다. 가진 자가 베푸는 '사회정의 개념'은 그와는 무관한 얘기일 뿐이었다.

생명은 서로 각자이지만, 삶은 '우리'라는 개념으로 어우러지는 게 사회다. 그러나 '우리' 속에도 저마다의 애증은 불가피하다. 또 시작이 있어 끝이 있음도 다르지 않다. 네 것일 땐 별것 아니던 하찮은 이해관계도, 내 것이 되었을 때는 두 눈 부릅뜨고 달려든다. 그 또한 너와 나의 인연이다. 서운함도 인연이 만들고, 고마움도 인연이 만든다.

사랑이 존재하기에 증오가 존재한다. 인연이란 행복만 계속될 수도 없고, 불행만 계속될 수도 없다. 삶의 지평에는 요철(凹凸)의 굽이가 존재한다. 모두가 상대성으로 존재한다. 의미와 무의미, 존재와 부재…. 이 모두가 알고 보면 상대성 인연이다. 한 치의 오차 없이 만들어지는 기계도 톱니바퀴 없이는 돌아가지 않는다.

하나같으면서도 둘이고, 둘 같으면서도 하나인 세상, 너와 내가 집합된 '우리' 세상은 그래서 더욱 치밀한 인연의 관계다. 가난한 사람들 때문에 부자가 거들먹댈 수도 있고, 어리석은 범부들 때문에 현명한 석학들이 더욱 두드러질 수도 있다.

신은 하나를 가져가면 반드시 하나는 돌려준다고 한다. 우리 삶도 마찬가지다. 한 살이 더 보태지면, 보태진 만큼 줄어드는 게 삶이다. 결국은 영(空)이 되는 신(神)의 산술 같은 게 너와 나의 인연이다. 주면 받게 되는 인연, 또 받으면 줘야 하는 인연….

생사를 함께 해온 운전사에게 목 졸려 죽은 재벌도 오직 '나'뿐이라는 고집 때문이었다. 그의 사전(辭典)에는 '너'는 없었다. 또 '우리'라는 공동체 의무도 몰랐다. 베풀 줄도 모르고, 받을 줄도 모른 채 오로지 나만 알고, 나만 고집했던 것이다.

많은 100의 가치가, 작은 1의 가치를 제칠 수 없듯, 사회도 나라도 개체들이 뭉친 집단이다. 너를 거부하면 나도 거부당한다. 이게 바로 죽임과 죽음을 촉발하는 무서운 인연이 될 수도 있다. 약자에게 조금씩 배려하며 사는 작은 생각만 보였어도….

세상은 영원한 하나다. 우주의 섭리가 그렇다. 어둠과 밝음이 어우러져야 하루가 된다. 언제나 너와 나는 동반자 인연이다. 가진 자와 못 가진 자도 동반자다. 하나이면서 둘이고, 둘이면서 하나 되는 너와 나의 관계는 인연이고 이치다.

(2012. 10.)

시련극복의 의지

수은주 붉은 기둥이 30도를 오르내리던 날이다. 바람 따라 향방 없이 굴러다니던 남루한 종이쪽지가 내가 쉬고 있던 골목길 정자나무 그늘 아래로 스르르 밀려든다. 인연(因緣)이다 싶어 주워들고 보니 어느 교회 선교 홍보지다. 행인들의 발길에 짓밟혀 작은 글씨는 읽어볼 수 없으나, 큰 활자 주요 내용은 판독이 가능할 만큼 살아 있다.

"빠른 사람이라고 모든 경주에서 다 이길 수는 없다. 또 용맹스런 병사라고 모든 전투마다 이기는 것도 아니다…."

정처 없이 굴러다니던 진리 한 구절이다. 사람은 각자마다 주어지는 운명이 있다. 증거할 수는 없지만, 그렇다고 부정하거나 무시할 수도 없는 게 운명이다. 운명은 인위적으로 조작할 수 없다. 권력, 무력, 재력, 학력 등 인간의 온갖 지혜도 운명 앞에서는 어찌지 못한다. 혹자는 짊어지고 태어난 팔자라고도 한다.

깨달음 한줄기가 정수리를 친다. 행복을 거부할 사람은 아무도 없다. 그러나 행복은 공짜가 없다. 산다는 것은 누구나 경쟁(競爭)이고, 전쟁(戰爭)이듯, 행복도 고난 뒤에 찾아온다. 때문에 경쟁과 전쟁은 살면서 피할 수 없는 운명이다. 사람들과의 경쟁, 자연과의 전쟁, 질병과의 전쟁 등, 삶은 모두가 경쟁과 전쟁의 연속이다.

어느 누구도 삶의 경주에서 뒤지고 싶은 사람은 없다. 질병과의 전쟁에서도 패하고 싶은 사람은 없을 것이다. 살다보면 누구나 실패도, 성공도 반복하게 마련이다. 종교가 생기고, 신앙이 존재하는 이유도 실패와 성공 때문이다. 사노라면 누구에게나 생각지 않던 불행이 닥치고, 고통이 닥치기도 한다. 아무리 빠른 사람도 때로는 제발에 걸려 넘어질 수도 있다. 또 아무리 용맹한 병사도 순간의 착오나 실수로 전쟁에서 패할 수도 있다.

토끼와 거북이가 경주한 우화(寓話)는 그래서 인간 삶에 교훈이다. 달리기 경주에서 빠른 토끼가 당연히 이기고, 느림보 거북이가 지는 것은 상식이다. 그러나 때로는 상식이 정반대현실로 뒤집어지는 경우도 있다. "원숭이도 나무에서 떨어질 수 있다."는 속담도 그렇다.

"빠른 사람이라고 경주에서 모두 이길 수는 없다. 또 용맹한 병사가 모든 전투에서 이기는 것도 아니다"라는 종이쪽지 구절을 중얼중얼 소리 내어 읽어본다. 옆 사람들이 흘깃흘깃 쳐다본다. 바람에 굴러다니는 폐지(廢紙) 한 쪽 주워들고 혼자서 중얼대는 모습이 이상했던 모양이다.

누구도 불행을 선택하는 사람 없고, 고난을 선택하는 사람도 없다. 불행도 고난도 어쩔 수 없이 닥치는 운명 때문이다. 희로애락이 그런 거고, 영고성쇠가 그런 거다. 내가 살아온 세월을 되돌아본다. 순간도 건너뛰거나 도둑맞지 않고 살았다. 내게는 언제나 활력 넘치는 청춘기만 있을 것처럼 철없이 살았다. 병고는 내 몫이 아닌 것처럼 오만으로 살았다. 그러나 착각이었다. 철부지였다. 운명에 대한 교활함이었고, 섭리에 대한 오만이었다. 어느 날이다. 흔들리기 시작한 치통을 어쩌지 못해 치과병원엘 갔다. 문제는 이빨이 아니라, 당뇨병에서 오는 합병증이었다. 얼마 후엔 달팽이관을 지나는 뇌동맥경색까지 찾아와 쓰러지고 말았다.

건강할 때 생각지 못했던 불행이 내 몫이 되었다. "수술도 할 수 없고, 치료약도 없으니 자기와의 싸움뿐"이라며 "새로 태어난 아기처럼 걸음마부터 배우며 어지럼증에 적응하라."는 것이 의사의 소견이다. "아무리 건강한 사람이라도 모든 경주에서 다 이길 수는 없다"는 운명의 한계를 다시 한 번 깨닫는 계기였다. 당시 60이 넘은 나이에 나는 걸음마부터 배웠다. 오만이 시련으로 바뀔 줄이야….

똑똑한 사람들, 달관한 사람처럼 큰소리 치고, 떠들어대도 때로는 갑자기 나타나는 외부적, 내부적 요인들 때문에 스스로 자빠지고 무너질 수도 있다. 우연이든, 필연이든 의외로 닥치는 악연 때문에 고전도 패전도 겪을 수 있는 게 사람의 운명이다.

수십 년 전부터 형제삼아 지내던 아우[申東昕]가 어느 날 갑자기 몹쓸 병마에 침공 당해 투병중인 사실을 뒤늦게 알았다. 아우는 매사에 적극적이고 책임의식이 투철했다. 때문에 사회적 신망도 두터웠고, 대인관계 또한 언제나 밝고 호탕했다. 개인적으로 사회적으로, 또 정신적으로, 육체적으로 나쁜 병마가 끼어들 틈 없이 튼튼했다. 서울에서 직장 마치고 두 내외가 서천 고향으로 내려와 말년의 행복을 가꾸던 어느 날이었다.

그에게 난데없이 '림프 암'이 선고됐다는 소식이다. 이 무슨 운명인가. 항암주사 후유증으로 하얗게 윤기 흐르던 머리칼이 모두 빠져 마주보기조차 민망한 몰골로 늦여름에 우리 집엘 들렀다. 멍하니 쳐다만 봤다. "건강하다고 운명조차 다 이길 수 없다."는 진리가 번개처럼 또 스친다.

누구나 넘어질 수도 있다. 그러나 일어나서 다시 뛰는 집념의 승리도 있다. 물론 당사자에겐 '투병'이란 혹독한 시련이 따르지만…, 운명이라면 어쩌겠나. 느림보 거북이가 빠른 토끼를 이겨내듯, 시련을 이겨내는 투지와 집념의 승리가 더욱 빛난다.

아우야! 아픔을 대신해주지 못하는 형의 기원(祈願)은 오로지 "이겨라!" 응원뿐이다.

(2014. 8. 1)

황새는 무슨 고뇌일까

무엇 때문에 황새들이 저리도 고뇌하고 있을까…. 황도에 올라선 태양열이 자글대는 6월말이다. 오랜 가뭄에 물 마른 유등천 자갈밭에 수십 마리 황새들이 집단으로 모여 미동도 없이 깊은 사색에 빠졌다. 한 쪽 다리는 높이 접어들고, 한 쪽 다리만 곧추세운 채 일제히 긴 목 잔뜩 움츠리고 꼼짝도 하지 않는다. 변화하는 환경의 미래를 걱정하는 삶의 고심들일까, 아니면 포식으로 만족한 자만(自慢)의 게으름들인가.

사바세계의 인연을 씻어내려 묵언참선 하는 학승(學僧)들의 율법정진이던가, 아니면 엄격한 교리계율에 순종을 서약하는 사제들의 서품식이던가. 한낮 시간에 집단으로 엄숙해진 광경이 언뜻 보아도 예사롭지가 않아 걸음을 멈춘다. “저 황새들은 지금 무슨 사색에 빠졌을까?” 은근하게 마음을 채찍질하는 공상이 다가선다. 미물들의 범상치 않은 행동에도 눈길이 주어지는 까닭은 무엇때문일까? 나 혼자 중얼중얼 자문자답 해본다.

알량한 문명을 내세워 교활해진 인간들에게 천심(天心)의 경고 같기도 하다. 지난 5월부터 2개월간이나 혹독한 가뭄이 계속되는 중이다. TV는 날마다 농작물이 시들어 말라죽는 들녘풍경을 담아내고 있다. 농심들의 한숨과 탄식이 곳곳에서 하늘을 친다. 농촌이 마르니 덩달아 도시 민심들까지도 마르고 있다. 여름도 겨울처럼, 겨울도 여름처럼 살려는 인간들의 교활한 욕심에 대한 자연의 경고인가? 대전(大田) 도심의 젖줄인 유등천 풍경도 흐르던 물소리가 거의 끊겨 삭막하다. 앙금자국 시커멓게 뒤집어쓴 자갈무더기들만 앙상하게 드러나 세태민심만큼이나 살벌하다. 때문에 살판난 것은 황새들뿐이다. 개울물이 마르면서 작은 웅덩이로 몰려든 물고기들이 황새들의 포식용으로 거의 씨가 말라갔다. 이 또한 가뭄으로 자학하는 자연의 재앙이던가.

1950년 6·25남침 전쟁 때도 몹시 가물었다. 새벽녘 대문 밖에서 콩 튀듯 하는 따발총 소리에 선잠깨어 영문도 모른 채 인민군에게 끌려가시던 아버지 모습, 밤이면 삼(麻)밭 속으로 도망치며 "이젠 다 죽게 됐다."고 덜덜 떠시던 어머니 모습, 이장 집 마당 호두나무에 묶인 채 뭇매질 당하고 죽창에 찔려죽던 이웃사람의 처절한 비명소리…, 생각만으로도 소름 돋는 인간재앙이었다.

자연재앙인들 무엇이 다를까. 자식처럼 가꾸던 농작물이 시들어 죽어가는 들판을 쳐다보는 농심들도 함께 시들어가기는 마찬가지다. 정치는 날마다 '민생'을 떠들어도, 민생의 현장엔 민생정치가 없다. '환경보호'란 미명 등에 업고 치산치수사업에 반대만 일삼는 환경론자들도 밉다. 누굴 위한 정치, 누굴 위한 민생, 누굴 위한 환경이던가.

가뭄이 닥쳐야 가뭄을 떠들고, 홍수가 닥쳐야 홍수를 떠드는 게 요즘의 정치고 통치다. 뒤늦게 국무총리까지 나서 피해현장을 찾아다니며 너스레를 떨어보지만, 역시 표심을 노린 위정자들의 교활한 행태는 보는 것만으로도 식상한다. 시원스런 단비 한 자락 쏟아지기만 기다리는 민심을 어찌 벼슬의 힘으로 다스릴 일이던가.

"찔레꽃 필 때면 반드시 가뭄이 온다."고 하시던 아버지 말씀이 구천에서 들려오는 듯하다. 찔레꽃 피기 전에 가뭄을 대비해야 한다는 의미도 포함됐었다. 보(洑)도 막고, 샘도 파고, 물길도 확보하고…. 치산치수가 모두 민생을 선도하는 정치, 통치의 덕목이건만, 요즘 야당 위정자들은 4대강 치수정책마저 반대만 일삼고 있다. 피해는 번번이 국민의 몫으로 반복되고 있으니, 이 또한 정치 가뭄인가.

고사(古事) 한 구절이 떠오른다. 7년 대한(大旱)에 허덕이던 중국 은(殷)나라 탕왕(湯王) 때 얘기다. 신하들이 "살아있는 사람을 제물로 바치고 기우제를 지내야 한다."고 건의했다. "백성을 위해 비 오기를 빌면서, 백성을 제물로 희생시킬 수는 없다."고 탕왕은 단호하게 거절한 후, 스스로가 목욕재계한 후 들판에 나가 6가지 주요통치 내용을 하늘에 고하며 잘못을 회개하자, 그때부터 비가 쏟아져 태평성대를 가꿨다는 현군(賢君)의 얘기다.

위정자들은 그냥 흘려버릴 얘기가 아니다. 오히려 정치 권력자들의 양심가뭄이 더욱 심각하다. 우측 깜빡이 켜고 좌측으로만 달리며 좌파 무리들의 활성화만 부추겼다. 막다른 벼랑에서 죽음을 선택한 전직대통령의 부정비리, 또 소문만으로도 죄악인 전직 여자 국무총리의 뇌물부정 등 모두가 정치권력의 양심가뭄에서 비롯했다.

요즘 민초들은 날씨가뭄만 겪는 게 아니다. 윤리도덕을 비롯한 모든 가치관이 메말라 죽는 양심가뭄, 진실가뭄에도 허덕이고 있다. 정직을 가르치거나 염치를 가르치는 교육도 시들었다. 진실을 갈망하며 살아가는 민초들만 "가뭄에 쫓겨 웅덩이로 모여들었다가 황새들에게 떼죽음 당하는 물고기들"처럼 부정비리 줄 잇는 정치권력의 포식용으로 몰리고 있다. 당쟁만 일삼다 나라망친 조선조 말기 역사는 결코 지난날의 얘기만이 아니다.

황새는 지금 무얼 저리도 심각하게 고민하고 있을까. 쳐다볼수록 공상이 무거워진다. 가뭄 덕분에 물고기를 쉽게 포식한 당장의 호사뿐일까. 아니면 한 번의 포식에만 눈멀어 물고기들의 씨를 말렸으니, 미래양식을 걱정하는 고뇌일까. 당장에 거머쥔 권력에 만족해 뒷날 걱정 않고 당쟁만 일삼는다면 미래엔 더욱 심각한 정치 가뭄이 닥칠 수도 있다는 경고일까.

저리도 골몰한 황새들의 고뇌가 궁금하다. (2013. 6.)

‘메르스’와의 전쟁교훈

삶의 과정은 전부가 전쟁이다. 태어나면서 죽을 때까지 크고 작은 전쟁의 연속이다. 오죽하면 사는 일을 생활전선(生活戰線)이라는 표현까지 했을까. 서로 많이 가지려는 욕심전쟁, 서로 앞서 가려는 출세전쟁, 태풍 홍수 등 자연재난과의 전쟁, 계절마다 닥치는 각종 질병과의 전쟁 등 이루다 헤아릴 수 없는 전쟁을 숙명으로 짊어지고 산다. 최근에 새롭게 나타나 나라를 휘젓고 다니는 ‘메르스’(Mers: 중동호흡기증후군) 공포 또한 하나의 전쟁이다. 전쟁 뒤에는 반드시 승패가 따르듯, 많은 교훈도 따른다.

‘메르스’ 때문에 가장 호황을 누렸던 곳은 말(言)로 먹고사는 언론사들이었다. 특히 종편방송사들에겐 호재였다. 서로 앞서 가려는 보도 전쟁 때문에 ‘메르스’ 역병재해보다 민심을 흔들어대는 언론공해가 더 컸다. 장관, 국무총리를 흔들어대는 것도 부족해서 대통령까지 흔들어댔으니 말이다. ‘메르스’가 저주스럽기도 하지만, 언론 또한 가증스럽다. 특히 그 얼굴에, 그 이름들이 계속 방송국마다 회전 출연하면서 떠들어대는 분석, 토론방송은 개연성 범주를 넘지 못한 채, 시청자들의 불안과 식상감만 부추기는 호들갑뿐이었다.

물론 국민 모두가 경각심을 가지고 '메르스'와의 전쟁에서 이겨내자는 취지엔 어느 누구도 이의가 없다. 그러나 방송매체마다 말쟁이들의 수다가 때로는 현실보다 비약하고 있어 가관이었다. '메르스'는 중동발 신종(新種) 유행병이다. 유행병이 나돈다고 대통령까지 나서라는 일부 말쟁이들의 요구는 과대망상이 아니었을까. 주변 국가들과 외교관계가 중차대한 시국에 동맹국과의 정상회담을 위한 대통령의 미국방문 계획까지 취소케 했다. 극성언론들 때문이었다. 누가 말했던가 과유불급(過猶不及)을….

정도를 지나치면 아니함만 못하다. 다정(多情)도 병이 되듯 말도 많으면 병이 된다. 그 많은 말의 배경에는 대통령과 정부에 대한 불신을 키워 정권을 흔들려는 정치적 저의도 깔렸으리라 본다. 시청률을 의식한 방송사들의 편성방침인지, 아니면 출연료를 의식한 말쟁이들 스스로가 만들어내는 호들갑인지는 알 수 없다. 물론 국가와 국민을 위한 최고 통치자로서 어느 부분도 무관심할 수는 없다. 그러나 대통령이 해야 할 일은 따로 있다. 또 엄연히 '메르스'사태를 관리하는 책임 부처 장관도 있다.

그래서인가. '메르스'가 더욱 의기양양해져서 히죽거리고 다녔다. 중동지역 동물에게서 섭생하던 '메르스'가 어쩌다 대한민국 땅에 들어와 장관, 국무총리는 물론 대통령까지 흔들어댔으니 얼마나 의기가 양양할 일인가. 평택에서 시작된 '메르스' 공포가 종횡무진 전국을 휘젓고 다니며 연일 언론나팔을 요란스럽게 불어댔다. 게다가 좌충우돌 정치까지 끼어들어 세월호 참사를 정략수단으로 이용했던 야당은 때를 만났다는 듯 '메르스' 역병(疫病)까지도 정략수단으로 이용하는 극성을 떨었다.

우리에게 돌림병과의 전쟁은 낯설지 않다. 홍역, 천연두, 감기, 사스(Sars), 신종플루, 에볼라 등 수도 없는 역병들이 스쳐갔다. 일부 바이러스는 아직도 곳곳에서 때때로 출몰하고 있다. 공기로 전염되는 돌림병도 있었고, 직간접 접촉에 의해 전염되는 돌림병도 있었다. 과학문명이 발달하고 방역 백신이 발달하듯, 이젠 돌림병원균도 인간들의 의술 발달에 비례해 더욱 독하고 강하게 내성(耐性)이 진화되고 있다. 수백 종의 병원체(病原體) 바이러스들이 계속 변종돼 독한 신종바이러스로 재생 출몰하고 있으니 말이다.

40~50년 전만 해도 홍역이나 천연두 등 유행병이 돌 때면 '할머니 손이 약손'이었고, '어머니의 등짝'은 병원이었다. 예방백신도 없었고 치료약도 없었다. 해열제라고 인동초(忍冬草)나 볶은 보리물 끓여 먹이는 게 고작이었다. 이른 봄철마다 홍역전쟁이 한 차례씩 스치고 나면 3~4세 어린이들이 마을마다 몇 명씩은

의례히 죽어나갔다. 오죽하면 "인명(人命)은 재천(在天)"이라고까지 했을까. 오로지 신(神)의 가호만으로 살았다.

고열발진까지 겸하는 돌림병이 얼마나 무서웠던지, 홍역 치르고 난 애들에게 어른들은 "이놈 벼슬하느라고 애썼다."며 칭송까지도 아끼지 않았다. 미개했던 시절의 얘기지만, 그 시대를 거쳐온 세대들이 오늘의 문명과 풍요를 이룩했다. 이젠 시대가 달라졌다. 생활공간이 세계화되면서 특정지역에서만 국한되던 토착질병도 덩달아 세계화되고 있다. 사람들 출입을 통제하고, 학교를 휴교시키는 것은 구태적 방역발상이다. 평소 예방정책 점검에 무관심해온 언론과 정치가 반성해야 한다.

특히 '메르스'를 정쟁수단으로 이용한 일부 정치집단의 시도는 국민에 대한 기만이다. 우리 국민들은 이미 세월호 참사를 정략적으로 이용당한 정치피해자다. 현장에서 열심히 애쓰는 공직자들에게 뒷북치는 언론, 호통 치는 정치 때문에 '메르스'와의 전쟁지휘체계도 중구난방이었다면 역설일까. 구제역이나 조류독감 때문에 수천만 마리 가축동물들을 생매장하는 원시적 방역전쟁을 우리는 지금도 반복하고 있다. 오늘 우리에게 닥친 '메르스'와의 전쟁도 생매장된 수천만 마리 가축들의 영혼이 인간들에게 퍼붓는 저주일 수도 있다.

또 알량한 과학문명을 내세워 우주정복을 소리치는 교활한 인간들에게 각성을 촉구하는 섭리인지도 모른다. 얼마 전(2003년)

우리는 공포의 돌림병 '사스(Sars)'와의 전쟁도 체험했다. 오늘 직면하고 있는 '메르스'도 '돌림병'이다. 언론과 정치가 호들갑 떨고 호통 친다고 진정될 병이 아니다. 전문가들과, 전문기관에서 그동안 스쳐 지났던 각종 유행 병원(病原)과, 또 앞으로 예상되는 질병과의 전쟁용 종합 예방백신 개발 독려가 '메르스'와의 전쟁에 노출된 오늘의 정치적 과제고 언론의 사명이다.

밤중에 긴급 기자회견하며 호들갑 떨어댄 어느 정치인의 '메르스적 발상'은 '메르스'보다 무서운 정치재해를 불러올 수도 있다. '메르스'는 일찍이 예상치 못했던 질병이다. 누구의 잘못도 아니고, 누구의 책임도 아니다. 또 언론들이 호들갑 떨 일도 아니고, 정치가 정략수단으로 이용할 대상도 아니다. 돌림병은 '메르스'로 끝나는 것이 아니다. 또 다른 유형의 변종 바이러스가 언제 또다시 침입할지도 모른다. 방역 백신개발 정책만이 역병(疫病) 전쟁에 대비하는 최상책이다. '메르스'와의 전쟁을 교훈으로 삼아야 한다.

(2015. 9.)

국회의원들의 합창단공연을 보고

정치집단의 싸움질에 식상해서 TV조차 밉기만 하던 어느 날(2015.8.5) 아침이다. 습관화된 애증(愛憎)의 심리작용이던가. 거실 소파에 앉아 무심결에 리모컨을 집어 들고 TV를 켰다. 마침 서울 노량진수산시장에서 여야(與野) 국회의원들로 구성된 합창단 공연실황이 화면을 채운다. 뻔뻔스런 것들, 싸움질이나 말지…, 욕설부터 터져 나온다. 가증스럽다는 선입견 때문이었나? 아니면 위선(僞善)과 불신으로 누적된 증오감 때문이었나?

목울대까지 치밀어 오르는 역겨움을 참으며 합창단원들의 면면을 유심히 살폈다. 아니나 다를까. 무대에 올라선 20~30명 전원이 당쟁(黨爭)을 주도하는 여야당 남녀 중진국회의원들이다. 개중에는 사회불안 선동세력으로 분류되는 좌파의원도 끼어있다. 나라 살림 팽개친 채 허구한 날 싸움질이나 하며 국민혈세 탕진해온 것을 생각하면 뻔뻔스런 그들의 얼굴에 침이라도 뱉어주고 싶은 충동은 나만의 억하심정이었을까.

그러나 미움을 누르고 생각을 가다듬어 TV를 지켜본다. 그들도 이젠 어떻게든 화합해서 국가와 국민을 위해 노력하려는 깨달음의 의지라고 생각하면 일말의 정감도 든다. 고성 막말 저주 독설로 거칠기만 해 보이던 저들의 가슴속에 저토록 아름다운 예성(藝性)과 하모니적인 심성도 담겨 있었던가? 수산시장 가득히 모여든 청중들과 하나가 된 정서가 엇박자 하나 없이 구성지다. 가슴 풀어헤치고 양팔 휘두르는 가수 조영남의 지휘도 신바람 났다.

민심은 순박하다. 수산시장 질퍽한 시멘트바닥에 펼쳐놓은 좌판 생업도 잊은 채 모여든 상인들도 신바람이다. 나무상자를 쌓아 만든 임시무대도 소박했지만, 합창단 의상 역시 수산시장 종사원들의 생업복장 그대로 비닐앞치마 차림이다. 전문가들의 도움을 받았는가, 선곡(選曲)도 대중적이어서 TV 앞에 앉은 내 마음까지도 누그러든다. "정치도 화음 일색이었으면 얼마나 좋을까." 독백을 보태본다.

해방 70주년 기념으로 모 지상파 방송국이 기획 제작한 〈1945년 합창단〉이란 제목의 공연이었다. 합창단원으로 참가한 여야(與野) 국회의원들도 무언가 깨달음이 있었을 것이다. 여야 없이 하나된 화음은 이념도 허무는 감격이다. 어느 상인 아줌마의 즉석 인터뷰가 더욱 감동의 정곡을 찔렀다. "국회의원들이 진작 저렇게 화합했으면 우리나라가 얼마나 더 좋아졌겠습니까?" 마이크 앞에서 말끝 흐리며 감격의 눈물까지 글썽이는 아주머니의 기구(祈求)는 TV시청자들까지 숙연하게 했다.

방송사 기획의도 역시 정도(正道)를 일탈한 정치집단들에게 각성을 촉구하기 위함이었으리라. 지금 우리 정국의 현실은 난국이다. 해(日)를 보고 달(月)이라 어깃장 부리는 착란(錯亂)증 환자들의 행태 같다. 민주국가의 다수결 원칙도, 3권 분립의 국가구성 원칙마저도 흔들리고 있다. '국회 선진화법'을 앞세운 입법부 독재가 국가기강을 휘젓고 있다. 요즘 국회의 정쟁(政爭)은 단순한 정책 공방이 아닌, 민주국가의 정체성을 무너뜨리기 위한 이념정쟁이라는데 심각성이 더하다.

나라 전체가 혼란스럽다. 사회질서의 기준이 돼온 모든 가치관이 짓밟힌 지 오래다. 심지어는 무위도식하는 사람들이 피땀 쏟아 노력하는 사람들을 누르고 있다. 국회의원들의 역설정치, 공짜정책이 불러온 결과다. '야당 단일화' 명분으로 좌파집단을 국정단상까지 끌어들이는데 앞장섰던 정당이 어디였나? 정치가 이념정쟁에 매달려 민주국가의 정체성까지 짓밟기 예사다. 당파싸움으로 나라 빼앗겼던 조선조 말기 망국의 역사를 연상케 한다. 지금 어디에서나 두 명 이상만 모이면 "국회의원들은 모두 도둑×들"이란 비난여론이 이구동성이다.

위정자들은 깨달아야 한다. 친이(親李) 친박(親朴) 비박(非朴), 친노(親盧) 비노(非盧) 호남(湖南) 영남(嶺南), 또 우파(右派) 좌파

(左派) 등 분열된 계파도 많지만, 그들의 갈등 또한 욕설, 저주, 막말로 선량의 도를 넘은 지 오래다. 적화통일 야욕에 혈안이 된 북한은 날마다 도발위협 수위를 높이고 있다. 또 바다 건너 일본의 교활한 야심도 36년간 지배했던 한반도 식민통치 향수를 버리지 못한 채 역사왜곡을 계속하고 있다. 진정한 대한민국의 선량들이라면 의식 각성이 시급하다.

비록 수산시장 임시무대에서 펼쳐진 합창 화음이었지만, 정치도 이젠 양심과 사명의 화음을 내야 한다. 연일 매스컴에 오르내리는 정쟁과 부정비리가 망국의 경지에 다다르고 있음을 깨달아야 한다. 반대를 위한 반대로 어깃장만 부리지 말고 국가와 국민을 위한 정치화음이 시급하다. 국회의원들의 권력싸움에, 등터지는 건 혈세 바치기에 고달픈 민초들뿐이다.

2016년은 총선(總選), 2017년은 대선(大選)의 해다. '민주화'만 떠들면 민심들이 구름처럼 모여들던 시대는 이미 지났다. '민주화'로 위장해 적화통일이념을 선동하던 '내란음모' 시대도 지났다. 언론매체를 장식하던 부정비리 정치인들의 더러운 이름들은 이제 가래침 뱉어 하수구에 처박힐 때가 왔다. 불협화음정치 때문에 초래된 국민피해가 얼마인가. 여야국회의원들은 이제 정치도 화음 모아 합창공연을 해야 한다.

(2015. 8. 5.)

차라리 강아지를 찾습니다

아기를 전문적으로 사고 판 일당이 검거됐다. 그뿐 아니다. “아빠만 따른다.”는 이유로 엄마가 어린 자식을 죽여 버린 사건, 아빠가 어린 아들을 죽인 후 시신을 냉장고에 보관하다 발견된 사건, 목사가 어린 딸을 죽여 시신을 방치한 사건 등 천륜파괴 사건이 연달아 보도되고 있다. 엄마, 아빠가 악마로, 짐승으로 돌변하는 사건들이 끊이지 않고 있다.

또 간호가 귀찮다고 치매 앓는 고령의 어머니를 차에 태워 먼 곳까지 실어다 폐기물처럼 버린 패륜 아들 얘기도 오래지 않다. 올(2015) 추석에는 30대 무직자 아들이 “잔소리가 많다”는 이유로 60대 아버지를 흉기로 찔러 살해하려던 사건도 발생했다. 이젠 부모도 자식도 못 믿을 세상이 됐다. 짐승만도 못한 것들의 시대가 드디어 왔는가.

동방예의지국을 떠들던 삼강오륜은 아예 자살했다. 인간의 가치마저도 세월의 풍화를 견디지 못한 채 부도덕의 절벽으로 추락하고 말았다. 문명과 풍요는 떠들어도 윤리와 도덕은 패륜과 패악에 짓밟힌 지 오래다. 국가도 사회도 학교도 또 어디에도 가치관을 가르치는 곳이 없다.

헐벗고 배고프던 시대에도 인륜과 천륜의 가치관은 지켜졌었다. 아내가 남편을 죽여 고무통에 담아두고, 부모가 어린 자식 죽여 냉장고에 담아두고, 부모가 늙고 병들면 요양원이나 양로원으로 내쫓기는 사례는 이제 예사로운 관행이 됐다. 자식들 눈치 보기가 역겨워 부모들 스스로가 자청해서 양로원이나 요양원을 찾아나서는 경우는 예사다.

어떤 집도 사정은 비슷하다. 키우고 가르치느라 부모가 온갖 정성과 심혈을 다 쏟았어도, 그 자식이 성장해서 결혼하면 부모보다는 제 밑으로 딸린 처자식이 우선이다. 또 똑똑하게 가르쳐 사회적으로 잘 나가는 자식들일수록 부모봉양에 집중할 시간적, 정신적 여유가 많지 않은 것 또한 오늘의 사회현실이다.

문명과 풍요의 이면에는 비정하고 각박한 인심이 도사리고 있다. 인심이 차라리 수심(獸心)만도 못하게 변질되는 사조(思潮)가 흐르고 있다. 눈비 맞으면서도 불변의 진리로 이어져 오던 혈육의 사랑마저 변질되고 있으니, 이 또한 시대적 필연이던가?

내가 매일 지나다니는 골목길 전봇대에 즐비하게 나붙은 이색

적 광고들이 요란하다. "고양이를 찾습니다." 또는 "강아지를 찾습니다."등의 광고물들이다. 고양이나, 강아지 사진까지 곁들여 칼라로 인쇄된 광고지는 언뜻 보아 제작비만도 수월찮을 것으로 짐작되는데다, 찾아주는 사람에겐 거액의 사례금까지 후사하겠다는 간절한 내용도 포함되어 있다.

키우던 정을 못 잊어 집나간 고양이나 강아지를 찾고자 갈망하는 심사를 탓하고자 함은 아니다. 그러나 집나간 강아지나 고양이를 애타게 찾는 이면에는, 제가 낳은 자식을 죽이고 또 늙어 병든 부모를 폐기물처럼 먼 곳에 실어다버리고, 잔소리한다고 아버지를 죽이려는 패륜적 세태가 공존하고 있어 통탄스러워 하는 말이다.

윤리와 도덕을 가졌기에 사람은 예부터 만물의 영장(靈長)이다. 이젠 사람들은 만물의 영장임을 포기했다. 사람의 얼굴을 가진 이리떼나 다름없는 포악한 맹수(猛獸) 사회가 됐다.

자식도 부모도 이젠 고양이나 강아지만도 못한 시대가 됐다. 나를 낳아준 부모는 누구이고, 내가 낳은 자식은 또 누구인가. 시작은 끝이 되고, 끝은 다시 시작이 되는 윤회의 이치를 생각하면, 오늘 내가 짓는 죄업은 바로 내일 다시 나에게 돌아올 업보라는 사실이 두렵다.

어쩌다 세태가 이 꼴이 됐나. 상하(上下)도 없고, 좌우(左右)도 모르는 혼돈의 세태다. 세월은 늙은 부모만의 영역도 아니고, 또 젊은 청춘들만의 영역도 아니다. 세월이 가면 부모도 가고, 부모의 자리에는 또 내가 앉게 된다. 나도 나만의 세월은 없다. 언젠가는 내 자리를 자식들에게 대물림해 줘야 한다. 또 그 자식들도 세월이 가면 순서대로 할아버지 할머니가 된다.

시대에 떠밀려 까마득히 잊고 살다가 어느 날 문득 깨달았을 때는 이미 늦었다. 때문에 선인들은 일찍부터 '세월무상'을 읊었고, 화무십일홍(花無十日紅)을 노래했다. 시대를 깨닫는 것은 지혜다.

지식이 많다고 반드시 지혜가 많을 수는 없다. 부모님 인생도, 내 인생도, 또 자식들의 인생도 세월의 윤회섭리는 똑같다. 늙어 병든 부모님을 쓰레기처럼 내다버리면 나도 나중에 내 자식들한테 쓰레기 취급당한다. 갓 낳은 자식을 '용돈' 마련을 위해 시장에 팔면 그 죄악은 부메랑되어 반드시 내게 돌아온다.

아빠만 따른다고 어린 자식을 죽인 엄마는 악마다. 약육강식(弱肉強食)하는 포악한 동물의 왕국에서도 허용될 수 없는 죄악이다. 같은 시공 속에 공존하고 있는 나는 누구인가? 차라리 고양이를 찾습니다. 강아지를 찾습니다.

(2015. 10.)

연(鳶)놀이를 보면서

2월의 날씨는 을씨년스럽기만 하다. 설 지나고 입춘까지 넘겨 오늘이 벌써 정월대보름인데도 옷깃을 스치는 바람결은 앙칼지다. 아침부터 하늘빛이 오락가락하더니 금방 진눈깨비라도 쏟아질 듯 시무룩한 잿빛구름까지 무겁다. 정월대보름 날씨가 궂으면 여름(보리)농사 흉년든다고 걱정하시던 옛날 어른들 말씀이 생각난다.

날씨 탓인가. 엉덩이도 무거워진다. 며칠 전부터 친구들과 순두부집 귀밝이술타령 약속마저 느슨해진다. 눈치 챈 듯 아내는 "대보름 특집 프로가 재미있을 것"이라며 얼른 TV를 켜놓고 호두, 땅콩바구니 내놓으며 부럼이나 깨란다. 아내는 남편의 술타령이 불만이다. 표면의 이유는 '건강 생각'이지만 내면의 이유는 그놈의 '돈 생각'이다. 이젠 나이 먹고 백수 되니 마누라 참견이 만만치 않다.

TV 앞에 슬그머니 주저앉으며 마누라 눈치를 의식한다. 내가 생각해도 내 마음이 많이 변했다. 쌓이는 게으름 증세도 하루가 다르다. 궂은 날씨 핑계로 외출 계획이 미뤄진 적은 지금까지 한 번도 없었기 때문이다. 이젠 몸도, 마음도 시드는가 생각하니, 울적함까지 몰려든다. 진행하는 리포터들의 호들갑, 너스레가 역겨워 TV채널만 짜증스레 돌려댄다.

어느 채널에선가 노무현 대통령 부부가 한복 차려입고 시민들과 함께 연날리기 하는 모습을 비춘다. 대통령의 의도는 따로 있겠지만, 어쩐지 역겨움이 치민다. 지금의 나라 현실과 시대 상황이 그렇다. 대통령이 한가롭게 연날리기나 하면서 희희낙락할 수 있을 만큼 태평성대인가. 생각하니 왠지 통치자의 허상이 떠오른다. 지금도 일터 잃고 발버둥치는 민초들의 아우성이 심각하다.

정월 대보름 때만 되면 우리 민족은 액운(厄運) 막고 복(福)을 비는 행사가 유난히도 많았다. 약한 민족의 심리적 현상이었는지, 아니면 신을 받들고 믿으며 추앙하기를 생활화해온 선량한 민족의 정신 유산인지는 알 수 없다. 시공 속에 존재하는 생활정서 거의 모두가 무사안녕을 기원하는 신앙의 대상 아닌 게 없다. 심지어 풍악놀이, 윷놀이 팽이치기 등도 모두 액운막이로 동원된 놀이자 기복(祈福)신앙의 수단이었으니 말이다.

정월보름 연(鳶)날리기도 1년의 액운을 털어낸다고 믿었다. 나는 지금도 궁금하다. 정월보름날 연날리기를 하면서 노무현 대통령은 무슨 생각을 했을까. 과연 통치자다운 덕목으로 국민의 안녕을 기원했을까. 액운 없는 나라의 태평을 기원했을까. 아니면 얼굴 비춰주는 TV 행사니까 실추된 통치위상 복원을 생각했을까.

자신의 말대로 생각지도 못한 대통령이 되고 보니 어릴 적 추억을 떠올렸을까. 연처럼 떠오르다가도 어느 날 임기되면 땅에 떨어져야 하는 권력의 무상을 생각했을까. 슬그머니 부아가 치밀어 죄 없는 TV 리모컨만 거실바닥에 내동댕이친다.

언뜻 김택근 시인의 〈연(鳶)〉이란 시가 스친다.

"고향은 어디쯤 이죠/ 돌아보면 더 멀리 있어요./ 내 이름이 생각 안 나요/ 돋는 건 소름, 그저 소름뿐이에요/ 아버지, 시린 세상 끝 허공에 사시다가/ 세상을 버리신 아버지/ 그래요, 허공살이/ 당신의 눈물로도 뿌리 내릴 수 없었지요./ 가슴을 뚫었어요./ 이제 산 두 개를 넘어 왔어요."

행간마다 철학이 배어있다.

우리 삶은 모두가 연 같은 인생이다. 연은 바람이 있어야 살고, 사람은 공기가 있어야 산다. 연의 생명이 허공 속에 존재한다면 인생은 세월 속에 존재한다. 사람이 한 목숨에 매달려 한 세상을 살다가듯, 연도 한 올의 실끝에 매달려 허공살이를 벗어나지 못하는 것이다. 항상 시린 허공 속에 사는 게 연이라면, 험한 세파 거친 세상 속에 사는 게 인생이다.

시린 마음 어쩌지 못해 뻥 뚫린 가슴 안고 허공에 높이 떠 갸우뚱거리던 방패연의 추억이 오늘도 나를 내려다보는 듯하다. 물 먹은 병아리 하늘 쳐다보듯 목을 재껴 연을 쳐다보며, 언제부터 연이 하늘로 뜨기 시작했는지, 누가 처음으로 연을 만들기 시작했는지. 어린 마음 갸우뚱대기도 했었다.

핸드폰이나 컴퓨터기기 하나로 좁은 공간에서 모든 놀이가 가능한 요즘의 디지털 세대들에겐 별로 흥미롭지 못할 것이나, 세월을 뛰어넘어 나이 지긋한 구세대들이 갖는 연의 추억은 새롭다. 정월보름 때만 되면 나는 솜씨 좋은 작은아버지가 연을 만들어 주셨다. 연이 하늘로 오를 때마다 "너도 연처럼 높게 뜨는 사람이 되라"는 말씀도 하셨다.

손등이 터지는 동상의 아픔도 잊은 채 연 따라 하늘 쳐다보기만 열중했을 뿐 작은아버지의 말씀이 무슨 뜻인지조차 알지 못했다. 인생이 연 같다는 것을 깨닫게 된 오늘에서야 작은아버지 말씀이 떠오른다. 시린 세상 연처럼 사시던 작은아버지도 이젠 실 끊어진 연처럼 구천으로 가셨다.

지금은 연이 왜 바람에 뜨는지 궁금해 하는 애들도 없다. 연날리기 위해 바람 거칠게 불어오는 언덕을 찾아다니는 애들도 없다. 의레껏 봄이 오는 남쪽을 향해 오르던 내 어릴 때 방패연의 의미는 오늘 노무현 대통령이 날리는 그런 의미의 연이 아니었다.

정작 바람 타고 하늘로 날으는 건 우리 인생들이다. 한 세상 연처럼 떴다가 때가 되면 다시 땅으로 내려앉아야 한다. 연이 땅에 내려오면 연이 아니듯, 사람이 땅속에 들면 사람이 아니다. 세월 다하고 임기가 끝나면 대통령도 다시 평민이다. 눈물로도 권력으로도 뿌리 내릴 수 없는 허공살이 연의 운명처럼…. 병술년 정월대보름날 연 날리는 대통령의 생각이 궁금하다.

(2006. 2. 12.)

누구의 책임인가

살다보면 남의 일에 휘청거릴 때가 많다. 왜 그러느냐고 나를 흔들어 다그치기도 해본다. 대답은 없고 차디찬 조소만 겉돈다. 가슴이 답답하다. 이래서는 안 되는데…. 문명을 떠들고 풍요를 떠들면서도 해가 갈수록 사회적 분위기가 물밴 솜뭉치처럼 무겁다. 가장 절망적인 것은 사회 구성원들의 인성(人性)이 무너지고 있다. 또 나라를 다스리는 정치정서가 무너지고 있다.

사회적 계층 간 갈등, 좌우이념간 갈등, 여야간 정치 갈등, 당내 계파간 갈등, 노사간 이기주의 갈등, 권력집단의 부정비리 창궐…. 국가기강과 가치관 전반이 해빙기 산사태처럼 무너져 내리고 있다. 도대체 법치는 어디로 갔고, 정치는 어디로 갔나. 오히려 범법자들이 당당하다. 선량한 민생들은 믿고 기댈 곳이 없다. 인간사회의 마지막 보루인 윤리 도덕의 가치관까지 뿌리째 흔들대고 있다.

급기야는 혈육의 섭리(攝理)조차 음습한 시궁창으로 내몰리고 있다. 천륜도 인륜도 인간의 가치마저도, 세월의 풍화를 견디지 못한 채 타락 변질되는가.

창밖에 스치는 날씨마저 유난스레 음산한 풍경이다. 거실에서 신문을 뒤적이던 중 육중한 둔기가 정수리를 내리쳤는가, 세상에 이럴 수가…. 맨 정신으로 볼 수 없는 대문짝 같은 신문기사 제목에서 눈길마저 흐려진다. 〈내 아기 팝니다. 기막힌 모정〉이란 시커먼 활자가 천륜을 휩쓸어가는 홍수로 둔갑한다.

나도 모르게 반사적으로 팽개쳤던 신문을 또 다시 집어 든다. "'20대 미혼모, 생활고 못 이겨 아기 팔려다 검거(2009. 1)"란 부제목까지 선명하다. 말이 씨가 된다더니, 어느 종교단체가 떠드는 것처럼 정말로 말세가 오려나. 정신을 가다듬어 신문을 다시 펼친다.

20대 철없는 미혼모가 낳은 지 한 달도 못되는 핏덩이 같은 어린 아기를 200만원에 흥정하고 거래하려다 현장에서 잠복경찰에 검거된 사건이다. 단순히 '월세방값 준비'가 이유다. 생각 없는 짐승도 독립할 수 있을 때까지는 제 새끼를 보호하기 위해 어미가 생명을 바친다. 하물며 인간이 월세방값을 이유로 제가 낳은 자식을 팔아먹으려 했다면, 이는 분명 이 세상에서 천륜이 사라지는 말세적 현상이 아닌가. 엄마가 악마로 변하고 있다.

누구의 잘못인가. 따지는 것조차 진부하다. 인간임을 스스로 포기하는 천륜 파괴사건이다. 정말로 참담한 현실이다. 나도 30여 년 넘게 기자생활을 하면서 별난 세상사 숱하게 체험했건만, 제가 낳은 자식을 매물(賣物)로 내놓고 인터넷 흥정으로 거래하다 검거된 사건기사를 보기는 처음이다.

송아지나 강아지, 돼지새끼가 매매되는 가축시장처럼 머지않아 아기들이 판매, 거래되는 인간시장도 출현하고, 전문 중개사도 출현할 것이란 논리는 지나친 비약일까.

자식이 없어 대를 잇지 못하는 특정인의 안타까운 소원을 들어 일정한 대가를 조건으로 아기를 출산해주는 '자궁임대' 사례는 몇 번 접한 바 있다. 후손 없어 고민하고 지내던 어느 중견 교직자 A씨의 뒷얘기가 새롭게 스친다.

A씨는 출산불능한 부인의 양해와 주변 친지들의 소개로 어느 처녀와 합의조건을 전제로 계약결혼을 했다. 가족들이 모두 이민 간 후 혼자 남아 산업체 현장에서 생산직으로 근무하던 노처녀였다. A씨는 얼마 후 계약결혼한 젊은 여인에게서 떡두꺼비 같은 아들 하나를 얻었다. 비록 정도(正道)는 아니지만, 서로가 양해와 신뢰로 이루어진 사실이기에 주변에서도 축하를 받았던 사례다.

그러나 오늘의 신문기사내용은 그게 아니다. 아기를 낳아 팔려던 산모는 중등교육을 마치고 가출한 21세 처녀다. 이곳저곳을 떠돌다 서울 어느 사회복지시설에서 아비가 누구인지도 알 수 없는 아이를 출산했다. 비록 철딱서니 없는 개인의 사정이기는 하나, 오늘의 사회현실이 이 꼴이 되도록 방치된 것은 누구의 책임인가. 삶의 가치 추구를 구호처럼 떠들어대면서도 정작 삶의 가치관이나 윤리 도덕을 가르치는 교육정책, 사회정책을 소홀히 한 정부나 정치책임이 크다.

옛날 어머니들은 대부분 15~16세에 결혼했다. 어린 나이에도 엄한 부도(婦道)를 지켜 가난한 환경 속에서도 무거운 살림 다하고, 아들딸 낳아 훌륭하게 키워내 오늘의 풍요와 문명국가를 만들어내는데 초석이 됐고, 촛불이 됐다. "진자리 마른자리 갈아 뉘시던…" 오늘도 우리는 어머니 노래를 부르고 있다.

어머니들은 세상의 어떤 고통과 고난도 사랑의 힘으로 견뎌냈다. 부침이 무상한 시공을 넘나들면서도 어머니 사랑만은 변한 적 없다. 때로는 미워하고 아파하다가도 끝내는 용서하고 끌어안는 게 지고지순한 어머니 사랑이다. 어머니 사랑은 촛불처럼 나를 태워 밝히는 위대한 사랑이다.

소박할수록 고귀한 사랑이고, 가난할수록 풍요로운 사랑이다. 배움이 없을수록 현명한 사랑이고, 위선으로 덮일수록 진실뿐인 사랑이다. 어둠이 짙을수록 더욱 밝은 사랑이고, 차가울수록 뜨거운 사랑이었다. 존재했었다는 것 자체만으로도 감동을 안기는 어머니는 오직 하나뿐인 사랑이었다.

영원하고 숭고하던 어머니 사랑이 오늘 왜 이토록 처참한 모습이 됐을까. 섭리 같은 ‘어머니 사랑’마저 병들어 쓰러져야 한단 말인가…. 자기가 낳은 자식을 팔아 월세방값 마련하려던 짐승만도 못한 가치관은 과연 누구의 책임인가.

(2009. 2.)